新版 カリフォルニアばあさんの
料理帖

JN200614

新版　カリフォルニアばあさんの料理帖
contents

ばあさんのパン作り

コラム

ばあさんの作るアメリカのお菓子

お料理をはじめる前に

お料理をする前に注意していただきたいルールです。
目を通してくださいね

●大さじ1は15ml、小さじ1は5ml、1カップは200mlです。
●調味料は正確に計りましょう。塩加減は好みがあるので、味をみながら好みに調整してください。
●電子レンジやオーブンは機種によっては差があるので、加熱時間はあくまで目安として、ご家庭で使用している機種の個性に合わせて様子をみながら加減してください。
●オーブンを開ける作業がありますが、必ずミトンをつけてヤケドしないように注意しましょう。
●電子レンジの加熱後は、器が熱くなるので、取り出す際は気をつけてください。
●バターは基本、食塩不使用のタイプを使用しています。
●砂糖は表示がない限り、上白糖を使用しています。
●生クリームの脂肪は乳脂肪25〜35%のものを使用しています。
●卵は50g（Mサイズ）のを使用しています。
●鶏がらスープはスワンソン社のチキンブロス缶を使用しています。顆粒タイプを使う場合は400ccの水に大さじ1の顆粒の鶏がらスープの素を使うとほぼ同じ濃度になります。
●この本ではオーブンの焼き時間は摂氏（℃）と華氏（℉）で表示しています。5℃単位の表記（例えば165℃）については、各家庭のオーブンの個性に合わせて、160〜170℃の間で調整してください。

はじめに

1972年、私はアメリカンプレジデントラインズ（太平洋航路定期客船）の
クリーブランド号で横浜を出港、2週間後に金門橋を上に見ながら
サンフランシスコ湾に入港しました。 クリーブランド号の最後の航海でした。
乗客には日立電気（現在日立国際電気）から派遣された日本人技師ご夫妻、
アメリカの大学に留学が決まった学生、
サンホゼ市の姉妹都市岡山からの交換留学生、
加山雄三ご夫妻等大勢の日本人とご一緒で、
とても楽しい2週間の船旅で私のアメリカ人生が始まりました。

落ち着いたところはサンフランシスコから南に1時間下った田舎町、サンタクララ。
それから40年近く経った今はどうでしょう。
シリコンバレーという名前がつき、IT産業のメッカとなりました。
私はすぐに日系の銀行で働き始め、結婚して、歯科技工士に転職、
長男が生まれ、長女が生まれ、40歳の時に歯科技工ラボで独立、
子供たちの巣立ちを機に50歳でラボをたたみました。
これからの時間をどう過ごそうかと思っていた時に娘からもらった一冊の本が
その後の私の楽しみを方向付けてくれたような気がします。

それは『HTML for Dummies/誰にもできるHTML』という本でした。
ホームページの作り方が簡単に分かる本です。 今でも忘れません。
自分の書いた背景のコードに自分の文章が現れた時の興奮は！
そしてこのページは世界中の人からも見られるんだという楽しさ！
2000年にanyrecipeというハンドルネームで
趣味だった大好きなお菓子作りのホームページ
「アメリカの簡単お菓子レシピ集」を立ち上げました。
このホームページを通して沢山の方からメールを頂き、
作ったお菓子の写真を送って頂き、ネットで多くの方々と交信をしました。
それがとても楽しくなって
今度は2006年に娘がすすめる「ボケ防止対策」の一案で
chiblitsというハンドルネームでブログを始めたのです。
こちらでは家族のお話や、アメリカのお話、普段に作るお料理等のご紹介をしています。
2008年にはブログを通してお友達になった方たちと
名古屋でオフ会にも参加させて頂きました。
私の下手な文章を毎日読みに来て下さる方がいらして、
現在は毎朝のコメントを見るのが楽しみな生活です。
そして今回はブログからお料理の本を出すことになりました。

レイ久子

ばあさんの家族を紹介します

ブログでもこの本でも、たびたび、ばあさんのお話に出てくる家族を紹介します。

■ じいさん

アメリカ人。モンタナ州のカナダの国境付近生まれ。几帳面なＡ型。物を大事に！の精神でシャツは破れるまで着て、破れたシャツは車を拭く雑巾に。おかげで物は増えていく一方で、ガレージや屋根裏にはわけも分からないような物が沢山溜め込んであり、時々これがばあさんのいらいらをつのらせる原因でもある。好きな食べ物はケトルポップコーン。このレシピ本でのじいさん一押しはチキンポットパイ！

■ ばあさん

鹿児島生まれ。アメリカに住んで37年目。おおらかで細かいことは気にしないＯ型。30年以上夫婦をやって、几帳面なじいさんとの生活にも慣れた今日この頃。趣味は料理とお菓子作り、家庭菜園。菜園を荒らすリス、鳥、もぐらなどの小動物と日々格闘中。このレシピ本での一押しはオレンジババロアケーキ。

■ 娘・Taz

ばあさんの自慢の娘。幼少の頃から怒ったら怖いのでタスマニアデビルから名きとって愛称タズ（Taz）。絵と編み物、コンピュータは得意だけれど料理が苦手なために、不定期で料理レッスンすることに。ちなみに娘のひと声で2006年の3月からブログを始めた。好きな食べ物はアメリカンハンバーガー、しかし健康の為に年に数回で我慢している。このレシピ本での娘の一押しはパイナップルとハムのピザ。

■ 息子・K

小さい時から手先が器用。プラモデル、折り紙、テニス、ゴルフ、陶芸、写真と多趣味で超忙しい人。何でも上手にこなすのに、かなづち。几帳面で清潔で優しく、一番母さん思い。思うあまりに口うるさい。2006年に結婚してから特に優しくなってきた。最近料理好きの嫁の影響で料理をするようにもなった。好きな食べ物は愛妻料理。このレシピ本での一押しはベトナム風冷麺。

■ 娘の夫・Keith

中国系アメリカ人とフランス系アメリカ人との混血。5人兄弟の末っ子でたくましく、兄弟仲がとても良い。偶然にも自分の母親が義兄の嫁GGの母親と幼少の頃からの親友と分かって運命の赤い糸を感じる。ばあさん家ではアメリカンスポーツ（野球、フットボール）を楽しむ唯一の普通のアメリカ人。大好物もアメリカンハンバーガー。このレシピ本での一押しはマカロニ＆チーズ。

■ 息子の嫁・GG

ばあさんの自慢の嫁。中国系アメリカ人3世。底抜けに明るくて笑顔が絶えない。趣味はお料理をすること、美味しい物を食べること。「美味しい家庭料理があるところには家庭の温かい団らんがある」を地で行く家庭に育ったからでしょう。ばあさん、生きている間に嫁からたくさんお料理を習わなくちゃ！このレシピ本での嫁の一押しはカニクリームコロッケ。

■ 犬・ちび

トイプードル、13歳。我が家のプリンス的存在。2007年に膀胱結石の手術をしてからベジタリアンになるように言われたが、菜食の餌を食べないので、以来、じいさんは野菜とチキンの手作りドッグフードを作っている。その甲斐あって尿PHは良好。好物は人参とチキン。

カリフォルニアの
家庭料理

ばあさん家のいつもの食卓

アメリカの家庭料理を初めて経験したのは1960年代、
高校の時モンタナ州の小さな田舎町にホームステイした時です。
当時はまだ町にはマクドナルドもケンタッキーフライドチキンもありませんでした。
ハンバーガーがなかったというわけではありませんが、
約一年間の滞在中にハンバーガーは遂に一度も食卓に上がりませんでした。
でも土地柄牛肉のお料理は多かったです。
2キロくらいはあると思われるローストビーフは毎日の様に食卓に上がりました。
そしてモンタナ人の日本食知識は「すきやき」は歌の名前という程度でした。

あれから45年。
カリフォルニア料理も年々傾向が変わりつつあります。
アジアからの移民が増え、各国のスーパーも増え、エスニック食材も増えて、
インターネットで世界中の情報が一瞬に得られる時代になりましたから、
アメリカ人のレストランでもワサビやお刺身が使われるくらい、
グローバルになりました。

ばあさん家も同様です。
エスニックレストラン巡りをして、
これを作ってみたいと思うお料理によく出会います。
幸い食材も揃います。手に入らない時は ネットで探すとたいていの物が揃います。
物的流通の速さと、溢れる情報量、文明の恩恵を享受して、
これからもアメリカの家庭料理は国際色豊かになっていきそうな気がしています。

では、ばあさんの家で食べているいつもの食卓をお楽しみください。

アメリカの家庭料理

アメリカの家庭料理といってまず思い浮かぶのは、このマカロニ＆チーズ。
略してマク・アン・チーズと呼ばれていますけど、チーズグラタンと同じ物。
マク・アン・チーズなしではアメリカ料理を語れないというくらいに
アメリカ人に人気料理、特に子供たちに人気で、学校給食でも頻繁に出ます。
Googleで検索にかけると、37万レシピがヒットするくらい。
あぁ〜これがアメリカ人の肥満の原因か……、でも毎日食べなければ大丈夫。
持ち寄りパーティーやクリスマス、新年パーティーのサイドディッシュに
おすすめのお料理です。

macaroni&cheese
マカロニ&チーズ

チェダーチーズと他のチーズを半々でもＯＫです。
アツアツのうちに召し上がってくださいね。

材料：1.5Lのキャセロール1個分
マカロニ　250g
バター　大さじ4
薄力粉　大さじ4
塩　小さじ1
温めた牛乳(70℃くらい)　700cc
チェダーチーズ(すりおろし)　170〜220g
Ⓐ　玉ねぎ　1/4個
　　（みじん切り）
　　白胡椒　少々
　　クローブ　(粉末)　少々
　　ナツメグ　(粉末)　少々
　　イエローマスタード　小さじ1
　　塩　少々
Ⓑ　パン粉　大さじ2
　　パルメザンチーズ　大さじ2以上
パセリ(ドライでも可)　適量
サラダオイル　適量

下準備
●マカロニはたっぷりのお湯でゆでておく。
●玉ねぎをサラダオイルで炒める。

作り方
❶　フライパンを弱火で熱し、バターを溶かす。薄力粉と塩を加え、木べらで5分程、焦げないように、薄力粉に完全に火が通るまで混ぜ続ける。最初は粉が固まった感じだが、火が通ってくるとさらっとなり、小さな泡が出てくる。
❷　フライパンを火からおろして、牛乳を加え、泡立て器でだまが見えなくなるまでよく混ぜる。だまがなくなったら、火に戻して再び木べらで沸騰するまで混ぜ続ける。
❸　チェダーチーズを②に入れて、チーズが溶けるまでよく混ぜる。
❹　チーズが溶けたらⒶを加えてよく混ぜる。
塩はソースの味をみながら加減する。マカロニに味をつけていないので、ソースにはほどよく塩味をつけたほうが良い。
❺　最後にゆでたマカロニを加えてよく混ぜ、キャセロールに移す。上からパン粉、パルメザンチーズを振りかけてすぐ200℃(400°F)に予熱したオーブンに入れて表面にきれいな焦げ目がつくくらい20〜30分くらい焼く。

ばあさんの日記より

手作りばあさんの夫の好物

私は自称手作りばあさん
基本的に何でも
手作りの食べ物が好きだから、
インスタントのものは嫌いなんです。
昔から
母がインスタントのものを
使わなかったので
その影響でしょう。

ところがですね
実際は全然そうではないのです。
考えてみると
かなり加工食品を食べているのです。
じいさんが
去年退職しましたでしょう、
最近、一人で
買い出しに行くようになったんですよ。
頼みもしないのに…

でね、
何を買ってくるかというと、
全部加工食品ばっか！！
私が一切こういうものを
買わないものだから
自分で買ってくるのですよ。

私も根はいい加減な人間だもんで、
「手作りばあさん」なんて
看板を直ぐ下ろして
家の中にこんなものがあると
直ぐ手が伸びる。

でね、夜じいさんと台所で
こういうものをむしゃむしゃと
食べるのです。

今日もじいさん、
3軒もお店を回って
こんなに買ってきました
10箱もクラッカーばっか！

加工食品、大万歳！

チキンパルメザン

缶詰のパスタソースを使った簡単なレシピです。
ご飯にもパスタにもよく合います。

材料：24×24cm　キャセロール1個分
またはグラタン皿4枚分
チキン（鶏むね肉）　250〜300g
にんにく（すりおろし）　1片分
塩　少々
黒胡椒　少々
薄力粉　適量
卵　1個
パン粉　適量
サラダオイル　大さじ2（チキンを炒める分）
玉ねぎ　1/2個
ピーマン　1個
きのこ類　100g
トマト味の缶詰パスタソース　550g位
Ⓐ　モッツァレラチーズ（またはピザ用チーズ）
　　150g
　　パルメザンチーズ（すりおろし）　大さじ2
　　パセリ（みじん切り）　少々

作り方
❶　チキンは斜めに4枚にスライスする。にんにくをすりつけて、塩、胡椒し、薄力粉をまぶして、溶き卵につけ、パン粉をまぶす。
❷　フライパンにサラダオイルを入れて熱し、①を両面に少し色をつける程度に炒めてから取り出す。中まで火を通さなくてもよい。
❸　玉ねぎ、ピーマン、きのこ類を薄く切り、②のフライパンに加えてよく炒める。
❹　キャセロール、またはグラタン皿に薄くサラダオイル（分量外）をぬり、①の野菜の半分を敷き詰めてパスタソースの半量を入れる。上にチキンを並べて残りの野菜をすき間に入れる。上からチキンが半分位見えるように残りのパスタソースをかける。
❺　上にⒶを振りかける。
❻　190℃（375°F）に予熱したオーブンで30分焼く。途中焦げそうな場合はアルミ箔を被せる。

ｍｅｍｏ
私はプレゴ社のパスタソースを使っていますが、市販のトマト味のパスタソース、またはマリナラソース（作り方→P21）でもOKです。

chicken stew with tomatoes

チキンとトマトのオレンジ煮

子供がお野菜を嫌いだった頃、
これなら喜んで食べてくれたなごりのレシピです。

材料：4人分
チキン（鶏むね肉）　2枚（骨付き鶏もも肉でも可）
（皮付きで400g位の大きさ）
Ⓐ　玉ねぎ　½個
　　ピーマン　2個
　　セロリ　½本
オリーブオイル　大さじ2（サラダオイルでも可）
Ⓑ　完熟カットトマト缶　1缶または　トマト　大2個
　　（400〜500g分）
　　オレンジの搾り汁　1個分
　　塩　小さじ⅓（味をみて加減）
塩、黒胡椒　少々
薄力粉　適量
レーズン　⅓〜½カップ

作り方
❶　チキンを斜めに薄く4枚に切る。玉ねぎは粗みじん切り
にする。チキンに塩、胡椒をして両面に薄力粉をたっぷりと
つける。フライパンにオリーブオイルを熱して両面に色がつ
くまで炒める。中まで火を通す必要はない。

❷　チキンを取り出して、玉ねぎを少し色づくまで炒める。
残りの野菜を加えて炒める。Ⓑを加えて蓋をして10分弱火で
煮る。

❸　②の粗熱が取れたらフードプロセッサーで攪拌してピュ
レにする。再びフライパンに戻して①のチキンとレーズンを
加えて弱火で蓋をして約30分煮る。焦げつきに注意して時々
へらで混ぜる。煮汁がなくなったらほんの少し水を追加する。
塩、黒胡椒で調味して出来上がり。

※写真はバターとサフラン、刻んだ野菜で炊き込んだご飯、
ゆでたブロッコリーを添えてあります。

baked potatoes
ベイクドポテト

ジャガイモはかなり大小がありますから、
重さを量って調味量の加減を。

材料：4人分
ジャガイモ　大2個
（1個200〜250gくらいの大きさ）
マッシュポテト　約265gに対しての分量
韮（みじん切り）　15g
玉ねぎ（みじん切り）　15g
サラダオイル 適量
プレーンヨーグルト　50g
バター　5g
塩　小さじ¼強
鶏がらスープ（スワンソン社のチキンブロス缶使用）　50cc
水50cc＋鶏ガラスープの素小さじ½でも可
溶けるチーズ　30g（チェダーチーズがおすすめ）

作り方
❶　ジャガイモは皮を洗って、電子レンジで串が通るくらいまでやわらかくする。ゆでる場合はゆですぎないように注意。
❷　安定の良い側を下にして水平に半分に切る。皮から5mmを残して中をスプーンでくりぬく。くりぬいたジャガイモの重さを量り、潰してマッシュポテトにする。バターを加えて混ぜる。
※レシピの分量は約265gに対しての分量です。
❸　フライパンを中火で熱してサラダオイルを入れて韮、玉ねぎを炒めて、②のマッシュポテトに加える。プレーンヨーグルト、塩、鶏がらスープも加えてよく混ぜる。
❹　②のジャガイモの皮に詰めて、溶けるチーズをのせて190℃（375℉）に予熱したオーブンでこんがりと焦げ目がつくまで約20分焼く。

memo
塊のチェダーチーズを使う場合は、
ピザ用チーズのように太めにおろ
しましょう！

scalloped potatoes
スキャロップドポテト

ジャガイモとチキンのグラタンです。
持ち寄りパーティーで人気です。

材料：20×20cm～24×24cm
のキャセロール1個分
ホワイトソース
バター　大さじ2
薄力粉　大さじ2
塩　小さじ$\frac{2}{3}$
温めた牛乳(70℃くらい)　500cc
キャセロールに入れる具
　ジャガイモ　850g 約ジャガイモ大4個
　玉ねぎ(みじん切り)　$\frac{1}{2}$個分
　鶏挽き肉　150g
　粉末パプリカ　少々
　黒胡椒　少々
　チェダーチーズ　100g　(溶けるチーズ)
　パセリ(みじん切り)　少々
　サラダオイル　適量

m e m o

スキャロップとは帆立貝の意味の
ほかにお肉やジャガイモをソース
に入れてオーブンで焼くという意
味もあります。

作り方

❶　ジャガイモは電子レンジで加熱してやわらかくする。皮
をむいて、7mmくらいの厚さの輪切りにする。

❷　フライパンにサラダオイルを入れて熱し、玉ねぎを炒め
る。鶏挽き肉と粉末パプリカを加えて一緒に炒める。

❸　ホワイトソースを作る。フライパンを弱火で熱し、バタ
ーを溶かして、薄力粉と塩を加え、木べらで5分程、焦げな
いように、薄力粉に完全に火が通るまで混ぜ続ける。火が通
ってくるとさらっとなり、小さな泡が出てくる。フライパン
を火からおろして、牛乳を加え、泡立て器でだまが見えなく
なるまでよく混ぜる。だまがなくなったら、再び火にかけて
木べらで沸騰するまで混ぜ続ける。

❹　サラダオイル(分量外)を軽くぬった器に輪切りにしたジ
ャガイモを一枚ずつ広げ、その上に②の$\frac{1}{3}$量を重ねて、上に
またジャガイモをのせ、繰り返して層にする。

❺　最後に③を流し入れて上に黒胡椒を振り、チェダーチー
ズをのせ、パセリを振りかける。190℃(375℉)に予熱したオ
ーブンで約30分焼く。

中東のコロッケ

娘が高校の時仲の良かったお友達に
お父さんはトルコ人、お母さんはユダヤ人という方がありました。
お父さんはイスラム教徒、お母さんはユダヤ教徒。
珍しい組み合わせだなあと思っていましたが、
クリスマスにはちゃんとクリスマスツリーも飾っておられました。
娘はよくお食事にお呼ばれしたのですが、
彼等のお料理でとても気に入ったのがファラフェル（ひよこ豆コロッケ）。
これは私たちも好きになって時々作るようになりました。

falafels
ファラフェル

アツアツがおいしいです。コーンミールの代わりに
ブルグル（細挽き小麦）を入れると本格的です。

材料：3cm直径　20個
ひよこ豆の水煮（缶詰）　正味250g（439gの缶詰1缶分）
卵　½個
Ⓐ　コーンミール　大さじ1
　　強力粉、または薄力粉　大さじ2
　　にんにく（すりおろし）　2片分
　　塩　小さじ½
　　黒胡椒　少々
　　コリアンダー（粉末）　小さじ1
　　クミン（粉末）　小さじ1
　　チリペッパー　少々（なくても可）
　　パセリ（みじん切り）　大さじ2
　　タヒニ　大さじ1（.または練り白胡麻　小さじ1）
※タヒニ：中近東の練り胡麻。胡麻風味は日本の練り
胡麻ほどない。
　　サラダオイル　適量

作り方
❶　ひよこ豆の水煮は汁を切り、卵と一緒にフードプ
ロセッサーでペースト状に攪拌する。
❷　ボウルに①を入れ、Ⓐの材料を全て加えて混ぜる。
❸　直径3cmの丸い形にまるめる。あまり大きな球に
しない方が良い。
❹　フライパンに1.5cmの深さにサラダオイルを入れて
全面を揚げる。
※揚げる場合は高温で短時間に揚げないと崩れるので
気をつけましょう。

memo
ピタパンに挟んでサンドイッチに
してヨーグルトディップをつけて
食べるととても美味しいです。レ
タスサラダのトッピングにしても
美味しいです。ヨーグルトディッ
プはプレーンヨーグルト（¾カッ
プ）、牛乳（¼カップ）、刻んだ香菜
（少々）を混ぜるだけです。

crab balls
カニクリームコロッケ

嫁も気に入ってくれた日本の味です。
そして私にとっては母の味です。

材料：16個分
ホワイトソース
　　バター　大さじ6
　　薄力粉　大さじ6
　　温めた牛乳(70℃くらい)　450cc
　　塩　小さじ ½
玉ねぎ(みじん切り)　125g
セロリ(みじん切り)　40g
Ⓐ　カニの身をほぐしたもの　110g
　　黒胡椒　少々
　　酒(またに白ワイン)　大さじ2
　　ナツメグ(粉末)　少々
　　クローブ(粉末)　少々
ブイヨン(粉末)　適量
塩　少々
Ⓑ　水　適量
　　卵　1個
パン粉　適量
サラダオイル　適量

作り方
❶　固めのホワイトソースを作る。フライパンを弱火で熱し、バターを溶かして薄力粉を加え、5分くらい木べらで休みなく混ぜながら火を通す。完全に火が通るとさらっとなり、小さな泡が沢山出てくる。
❷　一度、火からおろして、牛乳を加え、泡立て器でよく混ぜて再び火にかける。粉の固まりがなくなるまで泡立て器でよく混ぜ、途中で木べらにかえて、ソースが沸騰するまで混ぜ続ける。塩を加える。
❸　別のフライパンに玉ねぎとセロリを炒める。Ⓐと❷のホワイトソースを加えてよく混ぜる。塩またはブイヨンで味を調える。粗熱を取って冷蔵庫で数時間冷やすとソースが冷えて固くなるので丸めやすくなる。
❹　Ⓑを合わせる。たねを丸く形を作り、薄力粉(分量外)を全体につける。Ⓑに漬けて、パン粉をつけて揚げる。
※高温でさっと揚げるのがコツ。低温で長く揚げていると、中身が出てきちゃいます。一度に沢山揚げずに少しずつ揚げましょう。

memo
揚げて冷凍保存できます。冷凍保存の時は薄色に揚げます。解凍してオーブンで焼くと出来立てのように美味しいです。

発音は「コ・ロ・ッケ・」

カニクリームコロッケを
何料理のカテゴリに入れたらよいのか
迷ってしまいました。
アメリカ料理ではあるけれど、
アメリカではメジャーなお料理でもないし。
年末、お隣のＸｍａｓパーティーに
持って行ったら、「これ何？」と
聞かれましたから。カニクリームコロッケ、
アメリカでは知る人ぞ知るお料理って
ところでしょうか。
「コロッケ」自体があまり
浸透していない料理名のようです。
そしてこの発音が難しい。
「コ・ロ・ッケ」って発音したら
絶対に通じませんから。
アメリカでは「クロケェ」です。
ばあさん、今でもちゃんと言えません。
じいさんも子供たちも日本語の発音で
「コ・ロ・ッケ」って言うんですよね。
ばあさん「これアメリカで何て発音するの？」
娘「コ・ロ・ッケ」
Ｄａｈｈｈ～.

究極のアメリカン
ファストフードメニューを再現

ケンタッキーフライドチキン（KFC）でお馴染みのチキンポットパイ。
はい！　アメリカ人が大好きなメニューですね。
ばあさんの作るのはちょっぴりヘルシーバージョン！
このチキンポットパイは、下はチキンシチューで
上はビスケットの生地をのせて焼いています。
下はお好きなシチュー何でもOKです。
パイ皮生地の代わりにビスケット生地を使うのは、パイ皮より軽くて美味しいからです。
え〜、今、日本KFCのメニューを見たらチキンポットパイは冬だけだった！
自分で作れば一年中食べられますね。

チキンポットパイ

面倒そうですけど、残りのシチューの上に
ビスケットをのせて焼くだけと思ったら簡単ですね。

材料：直径11cm深さ5cmのココット4個分
チキン（鶏むね肉）　300〜350g
薄力粉　大さじ1
塩　小さじ⅛
黒胡椒　少々
サラダオイル　適量
Ⓐ　玉ねぎ　半個
　　セロリ　1本
　　にんにく　1片
Ⓑ　鶏がらスープ　350cc（スワンソン社のチキンブロス缶使
　　用）水35(b)cc＋鶏がらスープの素大さじ1弱でも可
　　月桂樹の葉　1枚
　　ドライオレガノ　少々
　　冷凍コーンと冷凍グリーンピース　合わせて1½
　　人参　1本
　　ピーマン　1個
ホワイトソース
　　バター　大さじ2
　　薄力粉　大さじ2
　　塩　小さじ½
　　温めた牛乳（70℃くらい）　350cc
Ⓒ　塩、胡椒　少々
　　マスタード　小さじ½
　　ナツメグ　少々（あれば）
　　チェダーチーズ　100g（ほかのチーズでも可）
ビスケット生地（下記レシピ）　¾量

作り方
❶　Ⓐは全てみじん切りに、ピーマンはコーンと同じサイズ
に切る。人参は1cm角に切り、電子レンジで加熱してやわら
かくしておく。
❷　チキンを1.5cm角に切り、薄力粉、塩、黒胡椒を振りかけ
て、中火に熱したフライパンにサラダオイルをひいて焦げ目
がつくまで炒める。完全に火を通したら一度皿に取り出して
おく。
❸　サラダオイルを少し追加してⒶを加えて炒める。
❹　深めの鍋を用意する。底に②のチキンと③の野菜、Ⓑを
加えて蓋をして中火で沸騰するまで煮る。
❺　ホワイトソースを作る。フライパンを中火で熱してバタ
ーを入れて薄力粉を炒める。フライパンをぬれた布巾の上な
どにのせて粗熱を取り、温めた牛乳を加えて泡立て器でよく
混ぜる。再び火に戻して、沸騰するまで泡立て器でよく混ぜ
る。
❻　ホワイトソースを④に加えてⒸの調味料を加えて味付け
する。
❼　4つのココットに注ぎ分けて、上からチェダーチーズを
振りかける。
❽　下記のレシピでビスケット生地を作る。手順④まで同様
に作る。生地を手で直径20cmくらいの平たい円形にする。そ
れを4等分に切ってフライ返しなどにのせてそのままくずれな
いようシチューの上に被せる。完璧に被せる必要はないが、
はみ出さないようにする。足りないところは出ているところ
を切ってのせておくだけで良い。220℃（425℉）に予熱したオ
ーブンで約15分、表面にきれいな焦げ目がつくまで焼く。

ケンタッキーフライドチキン風の
ビスケット

塩味のビスケットはパンの代わりになり、
蜂蜜やジャムをつけるとおやつにもなります。

材料：6個分
Ⓐ　強力粉　100g
　　薄力粉　100g
　　塩　小さじ½
　　ベーキングパウダー　小さじ2＋½
バター　25g
サラダオイル　30g
プレーンヨーグルト　150g

作り方
❶　Ⓐを大きめのボウルに入れてよく混ぜる。
❷　①の粉にバターを加えて泡立て器の先で潰してパ
ラパラにする。サラダオイルを入れてさらに小さい粒
にする。おからのような状態になるまでオイルの塊を
潰す。
❸　プレーンヨーグルトを加え、白い粉が見えなくな
るまでゴムべらで切って押さえつけるようにして混ぜ
る。混ぜすぎると硬い生地になるので手早く短時間で。
水分が全体に行き渡れば良い。生地はまだ一つにまと
まっていない状態。
❹　大きめのラップを広げ、上に強力粉（分量外）を振
り、生地を置く。生地の上にもう一枚、同じ大きさの
強力粉をつけたラップを被せる。
❺　ラップの上から生地をひとつにまとめて手のひら
で押さえつけて厚さは2.5cmくらいの楕円形にする。
❻　生地を6等分にする。型を使って抜いてもよい。
220℃（430℉）に予熱したオーブンで約15分焼く。
※ビスケットが硬くなるので生地をこね過ぎたり、扱
い過ぎないように注意しましょう！

究極の
フレンチフライ

今日は究極のアメリカンで参りましょうか。
アメリカの若者に人気の
フレンチフライ（フライドポテト）
マクドナルドのフライドポテトと
同じくらい美味しい
フレンチフライの作り方です。

french fries
フレンチフライ

じいさんの大好物です。
これを作ると、目を輝かせて喜びます。

材料：2人分
ジャガイモ（皮付きで）　200g
水　250cc
塩　小さじ2/3
衣
　薄力粉　35g
　にんにく（すりおろし）　1/2片分
　玉ねぎ（すりおろし）　小さじ2
　粉末パプリカ　小さじ1/2
　塩　小さじ1/2強
　水　60cc
サラダオイル　適量

作り方
① ジャガイモは皮付きのまま縦に7mmくらいの厚さに切り、さらに7mm幅で四角のスティック状に切る。
※この太さはとても大切。1cmになるとかりっと揚がりません。5～7mmが1番よい太さです。
② ①を水でよく洗って塩水に8～10分程浸す。塩水から取り出したら水分をよく切っておく。
③ 衣の材料を全て合わせてだまがなくなるまでよく混ぜる。
④ ジャガイモに衣をつけて、160～165℃（天ぷらより低め）できつね色になるまで揚げる。あまり高温で短時間で揚げるとジャガイモから水が出ないのでかりっとならない。
※約4分で揚げあがりになるくらいの温度が良いです。油に入れたら、くっついているジャガイモをお箸で個々に離してください。くっつくとかりっと揚がりません。

baked french fries
低カロリーのフレンチフライ

200gのジャガイモに対して使った油の量は左は約24g。こちらは4g。さぁどちらを選びますか。

材料：2人分
ジャガイモ（皮付きで）　200g
水　250cc
塩　小さじ2/3
衣
　薄力粉　大さじ1
　粉末パプリカ　小さじ1/2
　にんにく（すりおろし）　1/2片分
　玉ねぎ（すりおろし）　小さじ2
　塩　小さじ1/4
　サラダオイル　小さじ1

作り方
① 左記のレシピの手順②まで同様に作る。
② 衣の材料を合わせてだまがなくなるまでよく混ぜる。ジャガイモを衣に加えて衣が均等につくようによく混ぜる。
③ 天板の上にサラダオイル（分量外）をぬった金網を置いて、ジャガイモが重ならないように離して並べる。190℃（375℉）に予熱したオーブンで25～30分焼く。

アメリカの
フライドチキン

ケンタッキーフライドチキンで
すっかり日本でもお馴染みになりましたね。
ブライン法（塩水に浸す）を使うと
KFCのように圧力釜で揚げたように
やわらかくてジューシーな
フライドチキンができます。
ブライン方は魔法のようです。
油で揚げない低カロリーの方法も
下に記しました。

fried chicken
フライドチキン

衣をたっぷりつけてホームメードの
ケンタッキーフライドチキン風をご家庭で。

材料：約3〜4人分
チキン（骨なし鶏もも肉）　450g
（ブラインする時は4〜5切れの塊のまま浸けてください）
ブライン液
　水　160cc
　塩　小さじ1
　砂糖　小さじ1
　にんにく（すりおろし）　1片分
衣
　薄力粉　70g
　コーンスターチ　70g
　パン粉　30g
　にんにくパウダー　小さじ2
　塩　小さじ1
　粉末パプリカ　小さじ1
　オールスパイス　小さじ$\frac{1}{4}$（なくても可）
　ドライオレガノ　小さじ$\frac{1}{4}$
　ドライパセリ　小さじ$\frac{1}{2}$
　ベーキングパウダー　小さじ$\frac{1}{8}$
　黒胡椒　小さじ$\frac{1}{4}$
　カイエンペッパー　小さじ$\frac{1}{4}$
　（スパイシーにしたい時だけ）
卵　1個
牛乳　50cc
サラダオイル　揚げ物に充分な分量

作り方
❶　チキンをブラインする。ブラインする時は肉を小さく切らない方が良い。1枚のもも肉を4〜5切れに切る。ボウルにブライン液の材量を全て混ぜ、8〜10時間浸ける。2、3日そのまま浸しても良い。
❷　卵は溶いて牛乳と混ぜておく。別のボウルに衣の材料を全て合わせてよく混ぜておく。スパイシーにしたい時はカイエンペッパーを加える。
❸　チキンを塩水から取り出したらペーパータオルで拭く。適当な大きさに切る（15切れくらい）。卵と牛乳を混ぜた液にチキンを浸けて、衣をつける。再び卵液に浸して衣をつける。
※一度に全部のチキンにつけない方が良いです。
せっかく付いた衣がお皿についてしまいますから。
❹　160〜165℃（320℉）くらいの温度で約4分揚げる。

batter baked chicken
低カロリーのフライドチキン

ダイエット中の方、
揚げ物の嫌いな方におすすめです。

作り方
衣の材料は左記の半分の量にして、チキンに一回だけ衣をつける。お皿に薄くサラダオイルを垂らして、チキンの両面の衣に油をつけて、190℃（375℉）に予熱したオーブンで20分、200℃（400℉）に上げてさらに10分、衣がかりっとなるまで焼く。フライパンで炒めてもよい。

薄焼き生地でパイナップルピザ

日本でもアメリカでもパイナップルピザはお馴染みですね。
でもピザ屋さんのパイナップルピザなんてもう食べられなくなります、
ばあさんのを食べたら。
もともと食べられないって?
食べられない方はばあさんのなら食べられるようになりますって。
どこが違うかと申しますとパイナップルが缶詰じゃないのです。
今日はね、スーパーでパイナップル1個が2ドル50セント(約250円)でしたの。
何処産か見るのを忘れましたけど。Doleでした。
糖度は特別高い方ではありませんでしたが、
この酸っぱさが結構ピザに合うのです。
今度安いパイナップルを見つけたら是非試してください!
カリフォルニアのピザ屋さんには昔から薄焼きと厚焼きの選択がありましたが、
最近、ちょっとお洒落なイタリアンレストランで薄焼きピザを食べてから
薄焼きピザの大ファンになってしまいました。

marinara sauce

ばあさんのピザソース
簡単マリナラソース

ピザにもパスタにも使えるので、
まとめて作って小分けして冷凍保存しておくと便利です。

材料：800cc分
エキストラバージンオリーブオイル　大さじ3
玉ねぎ　大1個
にんにく　4片
人参　½本
月桂樹の葉　2枚
完熟カットトマト缶(400g)　2缶
塩　小さじ½
黒胡椒　少々
砂糖　小さじ1
赤唐辛子（種を除いて）　1本(入れなくても可)
バジルの葉　数枚またはバジルソース小さじ1（作り方→P32）

作り方
❶ 玉ねぎはできるだけ細かいみじん切りにする。にんにくと人参はすりおろす。
❷ 鍋にオリーブオイルを熱して玉ねぎ、にんにくを少し色づくまで炒める。
❸ 完熟カットトマト缶、人参、月桂樹の葉、唐辛子を加えて、一旦沸騰したら、蓋をして極弱火で約5分煮る。焦げ付かないように時々チェックする。最後に塩、黒胡椒、砂糖、バジルの葉で調味する。もっとソース状にしたい時はポテトマッシャーでトマトを潰す。

pineapple & hum pizza

パイナップルとハムのピザ

缶詰でも作れますが、生のパイナップルを使うととても美味しいです。

材料：直径28〜30cmの薄いピザ1枚分
P22のピザ生地　1枚
エキストラバージンオリーブオイル　少々
ピザソース　120g
ハム　50g
パイナップル　正味170〜200g
モッツァレラチーズ またはチェダーチーズ　120g
黒胡椒　少々
パルメザンチーズ　少々

作り方
❶ ピザ生地を作る（作り方→P22）。
❷ パイナップルは皮をむいて、トゲが残っていたら除く。上から見て放射状に2cm幅で縦に切る。芯を切り取る。イチョウの形に5〜7mmの厚さにスライスする（缶詰のパイナップルも同様にする）。
❸ 生地を伸ばしてピザソースをぬり、薄くスライスしたモッツァレラチーズをのせ、上にハムとパイナップルをのせる。
❹ 最後にパルメザンチーズと黒胡椒を振りかける。220℃（425°F）に予熱したオーブンで約12分焼く。

じいさんA型、ばあさんO型

昼食が終わると、
じいさんが物差しテープで
何やらし始めました。

長く一緒に住んでいると、
私はこれで何を始めたか
分かるのですよ。
テーブルの脚から壁に向かって
測っていますねえ。
じいさんは何をしているか…
分かるはずがないですわねえ。
何やら床にテープを貼って
印を付けたようです。

これでお分かりでしょうか。
テーブル運んでいますね。
うちのじいさん、
テーブルが部屋の真ん中にないと
落ち着かないのです（笑）。
今日は7cmずれていましたと。
こんなじいさんを面白がって写真を
撮っているばあさんはO型。
今は面白がっていますけどね、
昔はかなりいらいらしました。

memo
パイナップルにはモッツァレラチーズよりもチェダーチーズの方が合うような。レシピでは半々にしました。

pizza
ピザ生地

この分量を1枚で焼くと厚めの生地に。
2枚で焼けば薄焼き生地になります。

材料：薄い直径28〜30cmのピザ　2枚分
強力粉　300g
水　195cc
砂糖　小さじ1
塩　小さじ1弱
ドライイースト　小さじ1¼
オリーブオイル、またはサラダオイル　少々
（生地を伸ばす時使用）

作り方
❶ **手ごねの場合**：生地の材料を全てボウルで混ぜて大体ま
とまってきたら、強力粉（分量外）を振った打ち台に出して15
分ほどこねる。こね終わったら丸くまとめて軽くサラダオイ
ル（分量外）をぬったボウルに入れてラップをかぶせて28〜
30℃で45分ほど発酵させる。空気を抜いて丸めてボウルに戻
して、さらに20分発酵させる。
ホームベーカリーの場合：生地設定で第1次酵まで終わらせ
る。
❷ 薄焼きピザの場合は生地を2つに分割する。35cm平方の
ベーキングペーパーの上に少量の油を塗って一つの生地をお
く。手で平たく押さえてラップでカバーし、ベンチタイム15
分。
❸ 生地の上にオリーブオイル（またはサラダオイル）を少し
垂らして生地の表面に塗る。生地の上にベーキングペーパー、
またはラップをかぶせてめん棒で伸ばす。
※こうすると生地がめん棒にくっつかず、生地も縮みにくい
ので伸ばしやすいです。また生地を伸ばす前にベーキングペ
ーパーの上に少し油をぬると、後でペーパーをはがしやすい
です。
❹ ピザ生地を天板にのせる。生地の上のベーキングペー
パーまたはラップを取り、下のベーキングペーパーごとピザを
外側に半分に折る。生地の半面を強力粉（分量外）を振った天
板の上に置いて、あとの半分を広げる。広げたらベーキング
ペーパーが上にくるようになる。ベーキングペーパーをはが
す。生地作りはこれで終了。
※このピザ生地はとても薄いので、手で持つとしわが寄って
しまいます。なのでベーキングペーパーにつけたまま移動し
ます。
❺ 具をのせて焼く場合は、ピザソースをぬり、具をのせる。
220℃（425℉）に予熱したオーブンに入れて12〜15分くらい焼
く。

ピザストーンを使う場合
ピザストーンはセラミックでできた平たい天板のようなもの
（長方形と円形がある）。焼成中にパイ生地の水分を吸収する
のでピザ皮がぱりっと焼きあがります。

❶ ③まで作ったら、オーブンにピザストーンを入れて
220℃（425℉）に予熱する。予熱が早いオーブンは予熱完了
になってもストーンを入れたまま5分間は熱した方が良い。
❷ 熱くなったピザストーンをオーブンから取り出す。生地
の上のラップを取り、下のベーキングペーパーごとピザを外
側に半分に折る。生地の半面を熱いストーンの上に置いて、
あとの半分を広げる。広げたらベーキングペーパーが上にく
るようになる。
❸ ベーキングペーパーをはがして、ピザソースをぬり、チ
ーズ、具をのせる。ストーンが熱いと具をのせている間に焼
け始めるのでなるべく手早く行う。220℃（425℉）に予熱した
オーブンに入れて、12〜15分焼く。
※ベーキングペーパーの上に生地をのせたまま焼くとストー
ンの効力が発揮できず、ぱりっと焼けません。

❸

❹

❹

mushroom pizza
ミックスきのこピザ

きのこのうま味が凝縮されます。
いろいろなきのこを混ぜて作りましょう。

材料：直径28～30cmの薄いピザ　1枚分
ピザ生地
エキストラバージンオリーブオイル　少々
ピザソース（P21参照または市販のもの）　120g
きのこ類（マッシュルーム、まいたけ、しめじ、生椎茸等）
250～300g
塩　ひとつまみ
モッツァレラチーズ（※生だと美味しさ倍増）　120g
黒胡椒　少々
パルメザンチーズ　少々

作り方
① P22を参照してピザ生地を作る。
② きのこ類は薄くスライスする。
③ オーブントースターのトレイに少し油をぬったベーキングペーパーを敷いて、その上にスライスしたきのこをなるべく重ならないように並べる。上から一つまみの塩を振りかける。95℃（200℉）～120℃（250℉）で約20分ほど焼いて水分を飛ばす。
④ ピザ生地を伸ばしたら、ピザソースを塗る。薄くスライスしたモッツァレラチーズをのせ、③のきのこをのせる。最後にパルメザンチーズと黒胡椒を振りかけて、220℃（425℉）に予熱したオーブンで12～15分焼く。

vegetarian pizza
ミックス野菜のピザ

お野菜は炒めても良いですが、
半分グリルすると甘みが凝縮して、格別です。

材料：直径28～30cmの薄いピザ　1枚
ピザ生地
エキストラバージンオリーブオイル　少々
バジルソース　40g
もしくはピザソース　120cc
野菜　合わせて250～300g
（玉ねぎ　1/4個、ズッキーニ　1/2本、ピーマン　1個）
塩　ひとつまみ
モッツァレラチーズ（生）　120g
黒胡椒　少々
パルメザンチーズ　少々

作り方
① P22を参照してピザ生地を作る。
② 野菜は薄く切る。オーブンの天板に薄くオリーブオイルをぬったベーキングペーパーを敷き、切った野菜をなるべく重ならないよう に並べる。上から一つまみの塩を振りかける。120℃（250℉）に予熱したオーブンで約20～25分焼いて水を飛ばす。
※野菜が重なっている時は3回くらい下の野菜が上にくるように混ぜる。時間がある時はもっと低温にして（80℃くらい）時間をかけて（1時間）乾燥させるともっとお野菜が美味しくなります。250gの野菜が170gくらいになるまで乾燥させるとよいでしょう。
③ ピザ生地を伸ばしたら、ピザソースをぬる。モッツァレラチーズをのせて②のミックス野菜をのせる。最後にパルメザンチーズと黒胡椒を振りかける。220℃（425℉）に予熱したオーブンで12～15分焼く。

軽く夕食をすませたい時は

軽く夕食をすませたい時はサンドイッチ、スープ、サラダ、

この3つから2組を組み合わせます。

サラダはこの写真の3倍、スープは2倍くらい食べます。

サラダとスープはお腹一杯食べても全然気持ち悪くなりません。

沢山食べても絶対後悔しませんから。

そうしないとね、あとでおやつが欲しくなる。

でもこれは年寄り夫婦二人だからできる事でしょうか。

今日の夕食はほうれん草のサラダ。

生のほうれん草サラダはアメリカでは昔から人気のサラダです。

「spinach salad dressing」で検索するとわんさとレシピが出ます。

ほうれん草はショウ酸を取り除くためにゆでた方が良いと聞きますけど、

まぁたまにはOKということにして。

ベーコンのカリカリをトッピングにするのが

アメリカのほうれん草サラダの代表的な食べ方ですが、

我が家はベーコンの代わりにクルトンをのせて、少しでも低カロリーに。

croutons
簡単クルトン

クルトンだけ食べても美味しいので
おつまみやおやつにもぴったりです。

材料：作りやすい分量
エクストラバージンオリーブオイル　大さじ2
にんにく（すりおろし）　1片分
塩　小さじ1/3
食パン　3枚くらい(150g)
パルメザンチーズ　15〜20g
ドライパセリ（生でも可）　少々

作り方
❶　フライパンにオリーブオイルとにんにく、塩をよく混ぜて、中火で温める。にんにくがオリーブオイルににんにくの風味がつく程度に温めて、火からおろす。にんにくに火が通る必要はない。
❷　食パンを1cm角に切る。食パンを①に加えてオリーブオイルが均等につくようにへらで混ぜる。ここでも火はつけない。上からパルメザンチーズ、ドライパセリを振りかけてよく混ぜる。
❸　オーブンの天板にアルミ箔を敷いて、食パンがなるべく重ならないように並べて、190℃(375℉)で薄茶色でカリカリになるまで、10〜12分焼いて出来上がり！
※アルミ箔についたパルメザンチーズは冷えたらすぐ取れるのでこれもクルトンにかける。焦げないように時間と温度は度々チェックする。冷凍バッグに密閉して冷蔵庫で保存できますよ！

spinach salad
ほうれん草のサラダ

アメリカで人気のサラダです。
ドレッシングはレタスやキャベツにも合います。

材料：4人分
ほうれん草　　150g
クルトン　　適量（作り方→右）
ドレッシング
　砂糖　大さじ2
　塩　小さじ1/2
　ドライマスタード　小さじ1/2
　（なければマスタードでも可）
　玉ねぎの絞り汁　小さじ1 1/2
　（玉ねぎをすって絞る）
　レモンの搾り汁　小さじ2
　ワインビネガー　大さじ3（米酢でも可）
　サラダオイル　110cc
砕いたピーナッツ　好みで適量

作り方
❶　ドレッシングの材料をボウルに入れて泡立て器で白っぽくなるまで混ぜて、サラダドレッシングを作る。
※1カップ弱のドレッシングが出来上がります。
❷　ほうれん草を水で洗って泥を落として、水気を切り、適当な大きさにちぎる。
❸　大きなサラダボウルにほうれん草とクルトン、ピーナッツを入れて、味をみながらⒶのドレッシングのうち大体大さじ1をかけて、混ぜる。

m e m o
ほうれん草のサラダに合うトッピングはカリカリベーコン、ゆで卵、くわい、りんご、アーモンドスライス、すももなどを入れても美味しいですよ！

tomatoes with almond dressing
トマトとアーモンドドレッシング

アーモンドドレッシングは胡瓜やレタスにも合います。
アーモンドは食べる直前に加えましょう。

材料：6人分
トマト　3〜4個(皮付きで500g)
アーモンド　35g
パセリ(みじん切り)　適量
ドレッシング
　サラダオイル　大さじ2
　ワインビネガーまたは米酢　大さじ2
　黒胡椒　少々
　砂糖　小さじ2
　塩　　小さじ$\frac{1}{2}$
　バルサミコ酢　小さじ$\frac{1}{2}$
　アーモンドエッセンス　少々(あれば)

作り方
❶　トマトは湯むきして縦の4〜5等分のくし型に切る。アーモンドは少し焦げ目がつくほどローストして、粗く刻む。
❷　ドレッシングの材料を合わせてトマトと混ぜる。アーモンドとパセリを食べる直前に加える。

potato salad
アメリカンポテトサラダ

ポテトの形が残って
ちょっと酸味のあるポテトサラダです。

材料：
セロリ(粗みじん切り)　$\frac{1}{2}$本
オリーブ(薄切り)　6粒分(なくても可)
赤パプリカ、ピーマン　合わせて70g
ポテトサラダドレッシング
　生のバジルの葉(みじん切り)　小さじ1またはドライバジル　小さじ$\frac{1}{4}$
　ドライオレガノ　小さじ$\frac{1}{4}$
　黒胡椒　小さじ$\frac{1}{2}$
　にんにく(すりおろし)　1片分
　ワインビネガー　大さじ3(米酢でも可)
　砂糖　小さじ$1\frac{1}{2}$
　塩　小さじ$1\frac{1}{8}$
　サラダオイル　大さじ2
　マヨネーズ　大さじ3
ジャガイモ　(皮をむいて)　正味550g
卵　4個

作り方
❶　赤パプリカとピーマンはオーブントースターで皮が焦げるまで焼き、皮をむいて小さく切ってボウルに入れる。セロリとオリーブも合わせて混ぜておく。ポテトサラダドレッシングをボウルに合わせておく。
❷　ジャガイモは皮をむいて1cm角のサイコロに切り、塩少々入れた湯でゆでる。卵も一緒にゆでてみじん切りにし、①に入れる。
❸　ジャガイモが熱いうちにドレッシングの$\frac{2}{3}$量を振りかけて、へらでよく混ぜる。塩加減をみながら残りのドレッシングを加える。

bean salad
ミックス豆サラダ

豆が少ない時は味をみながら
ドレッシングを加えてください。

材料：
ミックス豆の水煮（缶詰）　正味500g
ドレッシング
　　オリーブオイル　大さじ2〜3
　　米酢　大さじ1½
　　バルサミコ酢　大さじ1
　　砂糖　小さじ2+½
　　塩　小さじ¼
　　マスタード　小さじ¼（あれば）
　　万能ねぎ　2本
　　にんにく（すりおろし）　1片分
　　黒胡椒　少々

作り方
❶ 豆の煮汁を除く。ドレッシングの材料を合わせて豆と混ぜ、冷蔵庫で冷やす。

how to cook dry beans
豆をきれいに美味しく煮る方法

昔母から習ったお正月の黒豆を
きれいに美味しく煮る方法の応用です。

材料：出来上がり約800g
乾燥金時豆　300g
砂糖　大さじ2〜（味をみて加減）
塩　小さじ½

作り方
❶ 乾燥豆はよく洗い、たっぷりの水に6〜8時間浸す。
❷ 数時間水に浸けた豆は倍に膨れる。ザルに入れて上から水を流す。鍋にたっぷりの水と豆を入れて、沸騰させる。泡（灰汁）が浮いてきたらすくって除く。3〜4分沸騰させたら、静かにザルに全部取り出し、鍋についている灰汁を洗い流して、新しい水と豆を入れる。
※これは豆の苦味を除くためです。もう一度これを繰り返すともっとよく苦味が除けます。
❸ 浮いている皮があれば除く。再び沸騰したら蓋をして弱火にし、豆がやわらかくなるまで煮る。
※時間は豆の種類によりますが、くずれない程度にしっかりとやわらかく煮た方が味がよく浸透します。
❹ 火を止めて、豆が見えるくらいまで煮汁を捨てる。熱いうちに砂糖を加え、鍋をちょっとゆすって、15分ほど置く。塩を加えてまた鍋をゆする。数時間置いて豆に味がしみたら出来上がり。
※ポイントは「砂糖を加えてから煮ない」ことです。するといつまでも煮汁が澄んで、豆も最低限に煮てあるので煮くずれもなく、美しい豆となるわけです。
煮汁を切って、豆サラダや、メキシコ料理のブリトーに使える味付けです。おやつの甘い豆にしたい場合は好みの量の砂糖と塩を入れて、冷蔵庫に一晩置きます。味をみて砂糖を追加して好みの甘さにしてください。

memo

お正月の黒豆は煮汁を全部捨てて、新しい砂糖水に浸けると透き通った汁できれいな豆になります。冷蔵庫に入れて、毎日少しずつ砂糖を足していくと、3日間でとても美味しい黒豆になります。

たくさんお野菜が摂れる、
簡単スープ3弾

私が日本に里帰り滞在していた際に、

じいさんは12キロの人参を購入して、毎食1本人参を食べていたそうな。

アメリカ人は生のお野菜が大好きのようで、

人参の食べ方といえば、縦に切った生の人参をサワークリームディップとか

子供ならピーナツバターなどにつけて食べます。

じいさんは1本皮をむいてディップもなしにそのまま食べるのが好き。

料理をしない（出来ない）じいさんには好都合のお野菜なわけです。

今回も日本から帰ったら、12キロの人参が冷蔵庫の引き出しを占領していました。

隣の引き出しにはこれも生で食べられるセロリとブロッコリ。

で、私は2、3日冷蔵庫の物を片付けようと買出しにも行かずに、

人参ばかり食べていました。人参スープ、お砂糖なしバジル風味の人参グラッセ。

そして人参のコールスロー。今夜は人参が耳から出てくるかもです。

というわけで、第1弾は人参たっぷりのスープをご紹介します。

この人参スープはとっても簡単で、美味しいです。是非お試しください。

carrot soup
人参スープ

色も鮮やかで綺麗なスープ。
おもてなし料理にもなりますね。

材料：3〜4人分
にんにく　1片
鶏がらスープ　500cc（スワンソン社のチキンブロス缶使用）
水500cc＋鶏がらスープの素大さじ1と小さじ¾でも可
人参　400g（皮をむいて正味約320g）
ジャガイモ　½個
セロリ　½本
バター（またはオリーブオイル）　小さじ2
月桂樹の葉　1枚
牛乳　300cc（濃度をみて加減）
塩　少々
黒胡椒　少々

作り方
❶　人参、ジャガイモは皮をむいて、2cm角くらいに切る。にんにくは薄切りにする。セロリは2mmくらいの厚さにスライスする。セロリは薄く切らないと後で繊維が残るので注意。
❷　鍋でバターとにんにくを炒めて、鶏がらスープを加える。人参、ジャガイモ、セロリ、月桂樹の葉を加えて蓋をしてジャガイモと人参がやわらかくなるまで約20分煮る。煮えたら火からおろして粗熱を取る。
❸　月桂樹の葉を取り出して②を全部フードプロセッサー（またはミキサー）に入れて液状になるまで攪拌する。牛乳、塩、胡椒を加えて味を調える。
※ジャガイモでとろ〜っとしているスープなので好みによっては牛乳を増やしてください。

broccoli soup
ブロッコリースープ

料理嫌いな娘から習った唯一のレシピ。流石に簡単です。

材料：4人分
ブロッコリー　2株
バター、またはオリーブオイル　小さじ2
にんにく　1片
鶏がらスープ　1000cc（スワンソン社のチキンブロス缶使用）
水1000cc＋鶏がらスープの素大さじ2½でも可
牛乳　または生クリーム　80cc
塩　少々
黒胡椒　少々
パルメザンチーズ（すりおろし）　適量

作り方
❶　ブロッコリのつぼみの部分と茎を切り離して、つぼみはザク切り、茎は小さめに切る。
❷　大きめの鍋にバターを入れて熱し、にんにくを炒める。香りが立ったら鶏がらスープを加えて沸騰させる。
❸　沸騰後ブロッコリを加えて、蓋をして7〜10分煮る。粗熱を取ってからフードプロセッサー（またはミキサー）に入れて形がなくなるまで攪拌する。牛乳（または生クリーム）、塩、黒胡椒で味を調え、1人分につき小さじ½程度パルメザンチーズを振る。

pumpkin soup
オレンジ風味のかぼちゃスープ

冬は熱く、夏は冷たく、どちらも美味しいスープです。
サツマイモでも美味しく作れます。

材料：3人分
かぼちゃ　550〜650g（種を除いて、皮付きの重さ）
鶏がらスープ　200cc（スワンソン社のチキンブロス缶使用）
水200cc＋鶏がらスープの素　大さじ½でも可
サラダオイル　適量
玉ねぎ（みじん切り）　½個
セロリ（みじん切り）　½本
にんにく（みじん切り）　1片分
水　500cc
固形ブイヨン　1個
しょうが（すりおろし）　小さじ¼
オレンジの皮のすりおろし　少々
塩　少々
黒胡椒　少々

作り方
❶　種を除いたカボチャを大きめに切って、皮付きのまま電子レンジでやわらかくなるまで加熱する。竹串が通るくらいやわらかくなったら粗熱を取って、皮をむく。小さく切り、フードプロセッサー（またはミキサー）に水200ccと一緒に入れてピュレになるまで攪拌する。
❷　鍋にサラダオイルを少々入れて、玉ねぎ、セロリ、にんにくを炒める。そこに水500ccとブイヨン、①を加えて玉ねぎ、セロリがやわらかくなるまで約10分煮る。
❸　最後に味をみながらしょうがとオレンジの皮、塩、黒胡椒を加えて味を調える。
※ほのかなしょうがとオレンジの風味がポイントです。加える量はこの風味は一体何？　という程度が美味しいと思います。

風邪を治すスープの作り方

ブログ仲間から風邪には梅干が一番とアドバイスを頂いて、
私はお粥に梅干を食べておりました。
何十年アメリカに住んでも病気の時はおかゆと梅干が一番良いです。
今日も我が家の冷蔵庫には4種類の梅干が置いてあります。
でもアメリカにも風邪を治すといわれている伝統的な食べ物があるんですよ。
それはチキンスープ。
お祖母ちゃんの治療法と言われてきたチキンスープ、炎症を抑える効果があるそうな。
暫く前に医学的に証明されたというニュースを聞いた記憶があります。
ネットで調べたら2000年にCNNのニュースになっていました。
チキンスープは実際に抵抗力を上げるそうです。
ちなみに市販の缶詰のチキンスープでも実験したら
10のうち3つの商品がホームメードよりも効果があったそうなので
手作りでないといけないというわけではないらしいです。
風邪の時はこれを熱くして湯気を吸い込むように食べるのが良いそうですよ。
そして我が家では風邪じゃなくても頻繁に作るスープです。

chicken soup
チキンスープ

時間をかけて骨と一緒に煮込んだスープには
コラーゲンが一杯です。是非骨付きでね。

材料：6人分
チキン（鶏もも肉骨付き）　2本
塩　少々
胡椒　少々
薄力粉　適量
玉ねぎ　½個
セロリ　1本
にんにく　2片
水　6カップ
月桂樹の葉　2〜3枚
お気に入りのハーブ
（ここではオレガノを使用）　適量
塩　小さじ1
Ⓐ ジャガイモ　1個（1cm角に切る）
　　人参　1〜2本　（1cm角に切る）
　　冷凍コーン　¼カップ
　　インゲンマメ　50g（1cm長さに切る）
　　はと麦　大さじ2
　　またはマカロニかスパゲッティ　30g
塩、黒胡椒（仕上げ）　少々
サラダオイル　適量

作り方
❶　玉ねぎ、セロリ、ジャガイモ、人参は1cm角に切る。インゲンも1cmの長さに切る。にんにくは薄切りにする。
❷　チキンに塩を振りかけて、薄力粉をたっぷりつける。鍋にサラダオイルを入れて、チキンの両面を茶色になるくらいに炒める。中まで火を通す必要はない。
❸　チキンを取り出して、サラダオイルをちょっと追加。玉ねぎ、セロリ、にんにくを炒める。
❹　①のチキンを鍋に戻して、水を入れる。月桂樹の葉とハーブ、塩を入れて、一度沸騰したら灰汁を取り、蓋をして弱火でチキンがやわらかくなるまで40分ほど煮る（圧力釜を使用すると約18分）。
❺　チキンがやわらかくなったら、取り出して骨と軟骨を除き、肉は指で小さく裂いてから鍋に戻す。Ⓐを入れて、さらに15分くらい煮る。最後に塩、胡椒で調味して出来上がり。

ｍｅｍｏ

召し上がる前に熱くしてください。でも沸騰はさせないで下さい。長く沸騰させると牛乳が凝固することがあります。

clam chowder
クラムチャウダー

生クリームたっぷりのチャウダーを、
ここではチキンの出汁と低脂肪牛乳でヘルシーに。

材料：4人分
チキン（骨付き鶏もも肉）… 1本
塩　少々
黒胡椒　少々
玉ねぎ（みじん切り）　1個
セロリ（みじん切り）　1本
にんにく（みじん切り）　2片
サラダオイル　適量
Ⓐ 水　500cc
　　白ワイン、または酒　125cc
　　月桂樹の葉　3枚
　　アサリ（砂抜きした殻つき）　400g
Ⓑ ジャガイモ　3〜4個（450g）
　　ドライオレガノ　少々
　　ドライローズマリー　少々
　　塩　小さじ½
冷凍コーン　½カップ
冷凍グリーンピース　½カップ
ホワイトソース
　　バター　大さじ1
　　サラダオイル　大さじ1
　　薄力粉　大さじ2
　　温めた低脂肪牛乳（70℃）　250cc

作り方
❶　ジャガイモを1cm角に切る。鍋にサラダオイルを入れ、チキンは塩、胡椒をして両面を炒める。中まで火を通す必要はない。
❷　チキンを取り出して、サラダオイルを少し加え、玉ねぎ、セロリ、にんにくを炒める。
❸　そこにチキン、Ⓐを入れて貝が開くまでゆでる。貝が開いたら殻を捨て、身を取り、みじん切りにしてスープに戻す。
❹　蓋をして弱火で約40分チキンの肉がほぐれるくらいやわらかくなるまで煮る。圧力釜では中火で約18分。
❺　その間にホワイトソースを作る。バター、サラダオイルをフライパンで温め、薄力粉を加えて弱火でしっかりと炒め、火から離して熱を下げ、温めた牛乳を加えてだまができないように泡立て器でよく混ぜる。火に戻して煮立つまで木べらでかき混ぜる。
❻　④のチキンを取り出して、骨と軟骨を除き、肉を裂いて鍋に戻す。Ⓑを入れてジャガイモがやわらかくなるまで煮る。
❼　最後に⑤、コーン、グリーンピースを加えて、塩、黒胡椒で味を調えて出来上がり。

「何でも使えるバジルソース」

バジルソース（ペストソース）を一度作ったら病み付きになる事間違いなしです！

パスタの味付けにはもちろんの事、チキンに塗って焼いてもよし、ピザソースにしてもよし、

フランスパンに塗ってトーストも最高、スープの調味料にも、

ちょっとあればとても便利なソースです。

で、我が家ではいつでも使えるように冷凍庫に常備しています。

作ってすぐ瓶に入れて冷凍すれば、いつまでも緑がきれいです。

冷凍でも、オリーブオイルが多いので必要なだけバターナイフで切り出せます。

そうそう、それから材料の松の実ですが、

これがどうしても手に入らないなら、くるみでもＯＫです。

pesto sauce
バジルソース

作っておけば、本当に便利で
何にでも使える万能ソースです。

base recipe

材料：約125cc分
生のバジル（葉、やわらかい茎）　25g
にんにく　4片
松の実、またはくるみ　30g
塩　小さじ½
エキストラバージンオリーブオイル　70cc

作り方
❶　松の実、またはくるみはオーブントースターで軽く焼くかフライパンでから煎りする。
❷　フードプロセッサーに、松の実、またはくるみ、バジル、にんにく、塩、エキストラバージンオリーブオイルを入れてペースト状になるまで攪拌する。
※生のにんにくですからあまり沢山入れると味がきつくなります。ちょっと強すぎると感じた時は電子レンジで加熱するとマイルドになります。

Pesto Pasta
バジルソースのパスタ

冷凍保存にしているバジルソースでいつでも簡単にできるパスタです。

idea
1

材料：2人分
スパゲッティ　150g
バジルソース　大さじ4（味をみて加減）
パルメザンチーズ　大さじ2（味をみて加減）
ゆで汁　大さじ2
黒胡椒
塩　少々

作り方
❶　スパゲッティはたっぷりの沸騰した湯（塩、少々）に入れてちょっと固めにゆでる。ゆで汁大さじ2くらいをとって残りは捨てる。
❷　ゆで汁とバジルソース、パルメザンチーズを混ぜて、熱いパスタに絡める。塩、胡椒で調味して出来上がり。

idea
2

pesto potatoes
バジル風味のジャガイモ炒め

バジルとジャガイモの相性は抜群です！
とっても簡単に作れてしまいます。

材料：2人分
ジャガイモ　大2個
サラダオイル　大さじ1
バジルソース　小さじ2
塩　少々
黒胡椒　少々
パルメザンチーズ　少々(好みで)

作り方
❶　ジャガイモは皮をむき、1.5cmくらいの厚さに輪切りにする。ザルにいれて洗い流し、水を切る。
❷　塩を加えた熱湯でゆでて、湯を切る。
❸　フライパンにサラダオイルを加えて熱し、ジャガイモを入れ、全面にほどよい焦げ目がつくくらいに炒める。バジルソースを加えてジャガイモ全体につくようにフライパンをゆすりながら炒める。塩、黒胡椒で調味して出来上がり。食べる直前にパルメザンチーズを振りかける。

memo
バジルソースの量はお好みで加減してください。

pesto chicken
バジル風味の手羽グリル

チキンは数時間ほどブライン液（塩水）に浸すと
肉がやわらかくジューシーに焼けます。

材料：3〜4人分
鶏手羽　約12本　(600g)
(または鶏もも肉を適当な大きさに切ってもOK)
ブライン液
　水　250cc
　塩　小さじ½
　砂糖　小さじ½
Ⓐ
　バジルソース　大さじ4
　パルメザンチーズ　大さじ1
　塩　小さじ½
　黒胡椒　少々
サラダオイル　適量

作り方
❶　手羽はよく洗ってブライン液に数時間〜ひと晩浸す。
❷　ザルにあげてよく水を切り、ペーパータオルで拭く。ボウルにⒶを混ぜて、手羽を入れ、ソースがつくように混ぜる。炒める場合にパルメザンチーズは入れない方が良い。
❸　炒める、もしくはグリルする。炒める場合はフライパンにサラダオイルを入れて熱し、両側を焼く。グリルの場合は魚焼きのグリルで20〜25分ほど焼く。途中裏返す。

idea
3

pesto asparagas
アスパラガスとナッツのソテー

マヨネーズだけでも美味しいですね。
おもてなしで、ちょっと変化が欲しい時にどうぞ。

材料：4人分
アスパラガス　300g
ミックスナッツ
(アーモンド、くるみ、ピーナツ等)　40g
バジルソース　大さじ1
サラダオイル　適量

作り方
❶　アスパラガスは茎の下の部分、固いところだけ、皮を剥く。たっぷりのお湯に大さじ1の塩(分量外)を入れて約3分ほどゆでる。
❷　ナッツが生の場合はオーブントースターで軽く焼いて、粗く切る。
※ミックスナッツでなくても好みの1種類のナッツでも。
❸　フライパンにサラダオイルを入れて熱し、ゆでたアスパラガスを入れて表面をよく炒める。バジルソースを加えて炒めながらアスパラガスに絡める。最後にナッツを加えて絡めて出来上がり。

idea
4

「セミドライトマトのオイル漬け」

トマトの季節に大量生産。バジルペーストと並んで便利な保存食です。

既製品のセミドライトマトよりも酸味が残ってトマトの風味が凝縮されています！

既製品を買う気がしなくなるくらい自家製は美味しいですよ。

完熟トマトを使ってくださいね。

完熟トマトが手に入る季節に沢山作って

瓶詰めにして冷凍保存をしておくととても便利ですよ。

使用法はピザ、パスタ料理、サラダ、オムレツ、スプレッドと、何でも使えます。

semi-dried-tomatoes
セミドライトマトのオイル浸け

トマトの大安売りに出会ったら、
このレシピを是非思い出してくださいね。

材料：作りやすい分量
ミニトマト、または普通のトマト　約700g
塩　少々
にんにく　4片
（炒めて3つくらいにスライスする）
生のオレガノ　少々（ドライでも可）
生のバジルの葉　少々
ワインビネガー、または米酢　大さじ1
エキストラバージンオリーブオイル　適量

作り方

❶ 皮はつけたままミニトマトなら半分に切って、普通のトマトは縦4つに切る。大き目のトマトなら8つに切る。天板の上に脚つきのラック（金網）をのせて、トマトを離して並べる。トマトに塩を振る。

❷ 65℃（150°F）に予熱したオーブンに入れて、10〜24時間乾燥させる。ミニトマトは小さいので早く乾燥する。温度を上げすぎて煮ないように気をつける。あくまでも「乾燥」終了した状態は皮にしわができて、トマトの端が少し硬くなっている。押さえるとまだやわらかい。温度が高過ぎて火が通ってしまうと汁が出てしまい、乾燥トマト独特の凝縮したうま味を失い、オリーブオイルに漬けた際液が濁ってトマトソースになってしまうので注意。

❸ 乾燥終了後はにんにく、細かく刻んだオレガノとバジル、ワインビネガー、エキストラバージンオリーブオイルとトマトを混ぜる。　煮沸消毒した瓶に入れて一日冷蔵庫で寝かしてから冷凍する。

base
recipe

idea
1

idea
2

semi-driec-tomatoes pasta
セミドライトマトと
オリーブのパスタ

市販品でも作れますが手作りの
セミドライトマトで作ると、格別の美味しさです。

材料：4人分
パスタソース
　オリーブ油　大さじ4
　にんにく　3〜4片
　玉ねぎ　中½個
赤唐辛子(種を除いて)　1個
セミドライトマトのオイル漬け　10切れ
ケーパー　大さじ1
ドライオレガノ　ひとつまみ
完熟カットトマト缶　1缶(400g)
(または完熟トマト大　2個)
オリーブ　5個(薄切り)
塩　適量
胡椒
パスタ
　スパゲティ　4人分

作り方
❶　にんにく、玉ねぎをみじん切りにしてフライパンにオリ
ーブオイルを入れて熱し、炒める。
❷　赤唐辛子、セミドライトマトのオリーブ漬け、ケーパー、
オレガノ、トマト缶、オリーブを加えてよく混ぜる。沸騰し
たら火を弱めて蓋をして7分くらい煮る。塩、胡椒で味を調
える。
❸　4人分のパスタをアルデンテ(硬め)にゆでてパスタソース
をかける。

semi-dried tomato cream cheese
セミドライトマトと
クリームチーズのスプレッド

フランスパン、ベーグル、クラッカー等に
とってもよく合います。

材料：約¾カップ分
クリームチーズ　150g
バジルソース　小さじ2
またはバジルの葉みじん切り　小さじ2
にんにく(みじん切り)　小さじ⅛
(バジルソースがない時だけ入れる)
セミドライトマトのオイル漬け　大さじ1
砂糖　小さじ½
塩　小さじ¼
くるみ　50g

作り方
❶　クリームチーズは室温でやわらかくしておく。バジルソ
ースがない場合はバジルの葉をみじん切りにする。にんにく
もみじん切りにし、セミドライトマトは小さく刻む。くるみ
を軽くオーブントースターで焼いて、小さく刻む。
❷　くるみ以外の全ての材料を合わせてよく混ぜ、固くなる
まで冷蔵庫で冷やす。ラップに包んで丸または四角等、好き
な形を作る。ラップの上にくるみを置き、上に転がして表面
につける。

semi-dried tomato omelette
セミドライトマトのオムレツ

一人分ずつ作った方が美味しくできます。
トマトとサワークリームの相性がとても良いです。

材料：2人分
卵　4個
牛乳　70cc
塩　ひとつまみ
黒胡椒　少々
玉ねぎ　50g
サラダオイル　適量
セミドライトマトのオイル漬け　75g
サワークリーム　大さじ2〜4

作り方
❶　玉ねぎは粗みじん切りにする。セミドライトマトは1.5cm
角に切る。フライパンにサラダオイルを入れて熱し、玉ねぎ
を加えて炒め、少し色づいたら、セミドライトマトを加えて
水分を飛ばす。お皿に取り出してフライパンをきれいに洗う。
❷　1人分の卵2個をボウルに箸で溶き、牛乳、塩の半量、
黒胡椒を加えてよく混ぜる。
❸　フライパンにサラダオイルを入れて熱し、卵の¾量を流
し入れて、箸、または木べらでかき混ぜ続ける。かき混ぜて
半熟のスクランブルエッグ状になり、フライパンの底が見え
るようになったら混ぜるのをやめて、残りの卵を流して穴を
閉じる。用意した半分の具を卵の中心にのせる。サワークリ
ームの半量を中心に落とす。
❹　フライパンを斜めにしながら卵を折って具にかぶせて閉
じる。裏返して反対側を焼いて出来上がり！

idea
3

ばあさんちの朝ごはん

ばあさんは毎朝インスタントのオートミール、
それに低脂肪の牛乳をたっぷりかけてチンします。
そこにメープルシロップとスライスバナナ、ある時は冷凍のブルーベリーを入れたり・・・
だからいつもバナナは買ってあります。
そんなストックしてあるバナナはほかの朝ごはんにも大活躍。
子供たちが帰ってくると軽いパンケーキやオムレツ、珈琲にマフィンなどが定番です。
そして週末の朝はたまにパンケーキを焼きます。
茶色になったバナナがあったので、今朝はじいさんの大好きなバナナパンケーキを焼きました。

banana pancakes
バナナパンケーキ

バナナは、生地に入れて
ちょっと火が通ったところが美味しいのです。

材料：14〜15枚
Ⓐ 薄力粉　100g
　強力粉　100g
　塩　小さじ½
　ベーキングパウダー　小さじ2
　重曹　小さじ½
　グラニュー糖　大さじ3
卵　2個
牛乳　350g
溶かしバター　大さじ2
熟したバナナ　2〜4本
サラダオイル　適量
粉砂糖　適量（好みで）
メープルシロップ　適量（好みで）

作り方
❶ Ⓐをボウルに合わせてスプーンでよく混ぜる。
❷ 別のボウルに泡立て器で卵をよく溶き、牛乳、溶かしバターを加えて混ぜる。
❸ ②に①を振るいながら加えて、泡立て器で粉の固まりが見えなくなるまでよく混ぜる。
❹ バナナを適当な大きさにちぎって③に加えて、おたまでひとかき混ぜする。
❺ フライパンに、サラダオイルを入れて熱し、おたま1杯分くらいの生地を流す。焦げやすいので弱火で焼く。蓋をしてぶつぶつ表面に穴があいて、ほどよい焦げめがついたら、裏返し、また蓋をする。両面が焼けたら出来上がり。

m e m o
熱いうちに、粉砂糖を振り掛け、小さじ1のバターをのせて、メープルシロップまたはフルーツのシロップを添えてお召し上がりください。バナナの代わりにブルーベリー、煮リンゴを添えても美味しいです。

banana bread
バナナブレッド

バナナがこんなになったら↓

バナナブレッドを作りましょう。

材料：20×10cmのパウンドケーキ型1個分
薄力粉　85g
強力粉　85g
ベーキングパウダー　小さじ1⅔
塩　小さじ⅓
バター　またはマーガリン　45g
砂糖　90g
卵黄　2個
バナナ　200g（約2本）
レモンの皮（すりおろし）　⅓個分
卵白　2個
くるみ　40g
ドライアプリコット　30g
粉砂糖　少々　飾り用（お好みで）

下準備
すべての材料を室温にする
●パウンドケーキ型にサラダオイル（分量外）を塗って軽く小麦粉をふるっておく、または ベーキングペーパーを側面と底にしく。
●くるみはオーブントースターで軽くローストし、粗く切る。
●ドライフルーツは小さめに切る。

作り方
❶ 薄力粉、強力粉ベーキングパウダー、塩は合わせて振るう。
❷ 大きめのボウルにバターを入れてクリーム状になるまで泡立て器で混ぜて、砂糖の半量を加え、ハンドミキサーで混ぜる。卵黄を溶いて少しずつ加えて、よく混ぜる。時々ボウルの周りについた分をへらでまとめながら混ぜる。
❸ 別のボウルにバナナをフォークやマッシャーで粒々が残る程度に潰す。バナナとレモンの皮を生地に全部加えて、よく混ぜる。
❹ 卵白を泡立てる。少しふわっとしてきたら、残りの砂糖を少しずつ加えて、きめの細かく角の立つメレンゲになるまで泡立てる。
❺ ①を3回に分けて③に加え、その都度、へらで切るように混ぜる。6割程度混ぜた後、④のメレンゲの¼量を加えて8割程度混ぜる。
❻ くるみ、ドライアプリコットを加えて、軽く混ぜ、残りのメレンゲを全部加えて、粉が見えなくなるまで手短にへらで切るように混ぜる。メレンゲはなるべくつぶしたくないので、混ぜるのは最小限に。
❼ 型に入れる。上を平らにして、真中を少しへこませる。175℃（350℉）に予熱したオーブンで約40〜50分焼く。竹串をさしても生地がついてこなかったら出来上がり。

corn bread
コーンブレッド

ほのかに甘味のあるケーキです。
熱いうちに蜂蜜と一緒に召し上がってください。

材料：20×20cmの型1個分
薄力粉　150g
強力粉　100g
ベーキングパウダー　小さじ2
塩　小さじ1
コーンミール　90g
砂糖　90g
卵　2個
牛乳　225cc
溶かしバター　100g

下準備
● すべての材料は室温にしておく。
● 型はベーキングペーパーをしくか、或はサラダオイルをしっかり塗って粉を振り、余分な粉は逆さにして払い落とす。

作り方
❶　薄力粉、強力粉、ベーキングパウダー、塩を合わせてボウルに振るう。そこにコーンミールと砂糖を加えてスプーンでよく混ぜる。
❷　別のボウルに卵を溶き、牛乳と溶かしバターを加えて混ぜる。
❸　①を一度に加えてへらで全体に水分が行き渡るように手早く混ぜる。
❹　用意した型に流しいれて190℃（375°F）に予熱したオーブンを180℃（350°F）に下げて30分焼く。串をさして生地がつかなくなるまでが目安。

cole slaw
コールスロー

ファーストフードでお馴染みのサラダです。
これは少し甘さを控えめです。

材料：4人分
キャベツ　200g
サラダオイル　小さじ1
（オリーブオイルじゃない方がいいです）
砂糖　小さじ2
Ⓐ　酢　小さじ2½
　　塩　小さじ⅛
　　マヨネーズ　小さじ1
　　黒胡椒　少々
　　ピーナツ（粗く砕く）　大さじ2
　　香菜　少々（好みで）

作り方
❶　キャベツは洗って水を切り、千切りする。
❷　①をボウルに入れてその上からサラダオイルを振りかけて良く混ぜる。砂糖を全体に振りかけてよく混ぜる。
❸　Ⓐを上から順に振りかけてその都度よく混ぜる。

じいさんのための
スターバックス風コーヒー

スターバックスのミルクコーヒーが好きなじいさん（アメリカ人）はよく、
Costcoで瓶入りミルクコーヒーを買ってこいってうるさく言ってきます。
ばあさんは毎日忙しいし、こんなに暑いし、なるべく運転したくないんです。
それで今日はちょっとした実験。
うちに残っているコーヒー豆をミルで挽いて、かなり濃くコーヒーを入れました。
それに低脂肪牛乳を加えて…でもちょっとコクが足りない。
で、エバミルクでちょっと濃厚にして。
丁度スターバックスのミルクコーヒーと同じくらいの濃さまで薄めました。
そしてお砂糖で甘みをつけて…でもじいさんはダイエット中。
お砂糖と0カロリーの甘味料半々の甘みで仕上がり。
スタバの空き瓶に注入して…でも密封は出来ないか。
じいさんがコーヒーを入れに台所に来た時、
ばあさん「飲みかけのスタバがあるから、あれから飲んで」
じいさん「あいよ」と言って冷蔵庫から瓶を取り出し、一口ごくり。
じいさん「…………」
ばあさん「…………」
正直ばあさん「それ、スタバじゃないの。わかる？」
じいさん「スタバと一緒に飲んでみる」
得意げばあさん「一緒に飲み比べなきゃ、わかんないの？」
じいさん「まあ、近いかな」
というわけで、またばあさんの仕事が増えました。
じいさんはクリーマーなしでコーヒーを飲めない人なので、
自家製クリーマーも作るようになりました。
市販のクリーマーは添加物が多過ぎるし、
何と言っても自分で作ると安心で安上がりです。

coffee
スタバ風コーヒー

材料：約225cc分
濃いコーヒーを入れて150ccのコーヒーに50ccのミルクを加
えて、手作りキャラメル・マキアート風味クリーマーを好み
の甘さまで入れて出来上がりです。

caramel coffee
キャラメルマキアート風味
クリーマー

材料：約225cc分
グラニュー糖　100〜150g
牛乳　150cc
生クリーム　50cc
バニラビーンズ　5cm
またはバニラエッセンス　小さじ½

作り方
❶　カラメルを作る。鍋にグラニュー糖を入れて弱火でゆっ
くり加熱する。グラニュー糖が徐々に液化して少し色づいた
ら木べらで静かに混ぜる。全体が薄茶色になってきたら煙が
出始める前に火を止める。煙が出たら鍋の底を水につけて冷
やす。焦げ過ぎるとクリーマーに苦味が出る。
❷　粗熱が取れたら牛乳、生クリーム、バニラビーンズのサ
ヤを縦に切って入れてカラメルを溶かす。数時間置いてカラ
メルが溶けたら出来上がり。

アメリカのクリスマス

クリスマスはアメリカで一番大きな祝日です。日本のお正月と同じですね。
大家族で育った私にはクリスマスに家族が少ないのは一番寂しい事でした。
そこでどうしたかというと、
家族から遠く離れて帰省できない人達を集めて大勢でお祝いするようになりました。
皆さん、やはりこの頃になると日本のお正月が懐かしくなり、
家族が恋しくなるのですね。 もちろんアメリカ人も。
アメリカ国土は日本の約25倍という面積ですから他の州は外国みたいに遠いのです。
というわけで我が家のクリスマスは半分が日本人で半分はアメリカ人。
お友達が行くところがないお友達をまた連れてくるので、
初対面の方も少なくありません。
合わせると20人を超える年もありましたよ。
これだけ揃えば寂しいことはありませんね。
そしてアメリカのパーティーというともちろん、みんなでご馳走の持ち寄りです。
私もこちらに嫁いで以来、35回以上クリスマスを迎えました。
これだけ続くと、お友達は家族のようになり、毎年七面鳥は誰が焼いて、
野菜料理は誰とか分担が決まってきます。
七面鳥だけは私に作らせてっという方もいるんですよ。本当に助かります。

ではお友達や家族に人気のある、ばあさんの自慢のクリスマス料理を
2品ほどご紹介しましょう。
ひとつはアメリカの祝祭日料理の定番、七面鳥の丸焼き。
ですがここでは同じ方法で作れるローストチキンをご紹介しましょう。
ブライン法という、チキンを長時間塩水に浸けておく方法で作ります。
塩が肉の中にしみ込み、ローストした肉がとてもやわらかくてジューシーに焼けるのです。
チキンの焼き汁からグレービーソースを作り、
マッシュポテトやチキンにかけて食べるのも
アメリカでは定番です。

もうひとつはデザートのババロアケーキ。
シフォンケーキ生地の間に
オレンジババロアをはさんだ、
ばあさん自慢のすごーく美味しいケーキです。
皆が口を揃えて美味しいと言ってくれます。
クリスマスや誕生日などの特別な日や
パーティメニューとしてリクエストが多く、
もう何度作ったことでしょう。

さあクリスマス料理をお楽しみください。

roast chiken
ローストチキン

材料：チキン１羽分

チキン　１羽
塩水　チキンが漬かる量　（水200ccに食塩小さじ２＋砂糖小さじ２を溶かした濃度）
パセリ　３本
にんにく　２かけ
月桂樹の葉　２枚
黒胡椒　少々
レモンの皮（すりおろし）　１個分
オレンジの皮（すりおろし）　½個分
オレガノ、バジル、タイム、柑橘類の皮等　少々
※好みの量を。ハーブを使わず塩とにんにくでシンプルに焼くのもおいしいですよ。

中華風ソース

しょうが(すりおろし)１片分
にんにく(すりおろし)１片分
ねぎ　５〜６cm分をみじんぎり
胡麻油　大さじ１
しょうゆ　大さじ４
酢　大さじ２
黒胡椒　少々

グレービーソース

ローストチキンを焼いて出る汁＋湯
500cc
バター、またオリーブオイル　大さじ２
薄力粉　大さじ３
塩　少々
黒胡椒　少々

作り方

❶　チキンが丸ごと入るプラスティックの袋か、容器（鍋）を用意する。容器はなるべくチキンがぴったり入るサイズで、大き過ぎる鍋は避けたほうが良い。チキンのお腹に詰めてあるものを全部取り出して、チキンを洗う。チキンの尾部に付いている余分な脂は切り捨てる。皮は残して内側についている脂だけ除く。

❷　容器、または袋に胸肉を下にしてチキンを入れる。調合した塩水をチキン全部が浸るまで入れる。濃度は大切なので正確に計る。

❸　塩水にみじん切りにしたパセリとにんにく、月桂樹の葉、胡椒、オレガノ、タイム、レモンの皮、オレンジの皮等のハーブを混ぜる。チキンが全部浸っていることを確認して容器を閉じて一晩冷蔵庫に置く。

❹　中華風ソースを作る。材料を全てボウルの中に入れて混ぜる。

❺　チキンを焼く。チキンは塩水から取り出して、ペーパータオルで拭き、天板に胸を上にして置く。胸には黒胡椒、塩、好きなハーブを振りかける。胸を上にして、230℃（450℉）に予熱したオーブンに入れて、すぐに175℃（350℉）に落とす。焼き時間は２kgのチキンで約１時間半。途中で３回くらいオーブンを開けて、チキンから出た汁をスプーンで胸にかける。
※こうすることで乾燥を防ぎ、照りが出ます。

❻　チキンが焼けたら、崩れないように天板からチキンをお皿に取り出す。ハーブなどを添える。

❼　食べる際に、中華風ソース、またはグレービーソースをかける。

グレービーソースの作り方

❶　チキンを焼いた天板にはチキンから出た汁、焦げ付きが沢山残っている。ここに湯を加えて木べらで焦げ付きをこすり落とす。この焦げが美味しいので硬い部分を根気よく取る。お湯を入れたままにしておくと落としやすい。

❷　網でこして、澄んだ出汁だけを取り出し、500ccになるまで、足りない場合は水を加える。脂を控えたい時は上澄みの脂を除く。

❸　フライパンにバターを入れて、薄力粉を加えて炒める。少しずつ②の出汁を加えて、塩、黒胡椒で味を調えて出来上がり。チキンやマッシュポテトにかける。

orange bavarian cake
オレンジババロアケーキ

材料：直径18cmケーキ1個分
シフォンケーキの生地
- 卵黄　3個
- 砂糖　75g
- サラダオイル　60g
- 水　70cc
- オレンジの皮（すりおろし）小さじ1
- バニラエッセンス　小さじ1½
- 薄力粉　90g
- ベーキングパウダー　小さじ½
- 卵白　4個
- 塩　小さじ¼

ババロア
- オレンジの搾り汁（1個分）+水
  （合わせて200cc）
- 砂糖　40g
- 顆粒状ゼラチン　小さじ1½
- オレンジの皮（すりおろし）小さじ1
- 生クリーム　150cc
- 砂糖　大さじ2
- グランマルニエル（オレンジリキュール）
- 大さじ1

飾り
- ホイップした生クリーム⅓
- みかんの実（缶詰）　12〜13粒

下準備
●薄力粉、ベーキングパウダーを合わせて2回ふるっておく。

m e m o
直径18cmの底が取れるデコレーションケーキ型を使っています。シフォンケーキ型でも出来ます。
型には油をぬったりベーキングペーパーを敷く必要はありません。

作り方
① ボウルに卵黄3個と砂糖の分量75gのうち35gを入れてハンドミキサー（泡立て器でも良いが時間がかかる）でもったりと白っぽくなるまで混ぜる。サラダオイルを加えてマヨネーズのようになるまで混ぜ、水、オレンジの皮、バニラエッセンスを加えその都度よく混ぜる。

② 合わせてふるった薄力粉とベーキングパウダーを加え、泡立て器で粉が見えなくなるまで混ぜる。

③ 別のボウルに卵白と塩を入れて、ハンドミキサー（泡立て器でも良いが時間がかかる）で泡立てる。少しふんわりしたら残りの砂糖を2〜3回に分けて加えて泡立てる。ピンと角が立ち、キメの細かいメレンゲにする。

④ ②にこのメレンゲの¼量を加えて、泡立て器で均等に混ぜる。残りのメレンゲを加え、へらに持ち替え、生地を底からすくい上げ、上に被せるようにして均等ムラがないよう手早く混ぜる。

⑤ 底の取れるケーキ型（油はぬらない）に生地を流し込む。上を平らにする。170℃（335°F）に予熱したオーブンで40〜45分焼く。焼き上がったらすぐ型を逆さにして冷ます。薄い、長いナイフで型とケーキの間を離す。
ケーキを型から丁寧に取り出し、水平になるように切る。2〜3段に切る（ここでは3段に切っています）。3段にする時は、先ず上段から切る。

⑥ ババロアを作る。鍋にオレンジの搾り汁と水、砂糖を入れる。そこから大さじ2のオレンジジュースを取り出して、ゼラチンに混ぜてふやかしておく。

⑦ 火にかけて沸騰したら、火からおろして、ゼラチンを加えてよく溶かす。オレンジの皮を加えて混ぜ、冷蔵庫で冷やす。半分固まる状態が良い。外側だけが固まる状態が良い。
※完全に固まってしまうと、生クリームに混ぜにくくなりますので、固まらないように気をつけて下さい。

⑧ 別のボウルに生クリームを入れて泡立てて、砂糖を加えてさらに角が立つまで泡立てる。最後にグランマルニエル（または他のオレンジリキュール）をあわせて、混ぜる。泡立てた生クリームの⅓を取り出し、直径1cmの口金をつけた絞り袋に入れる。⑦の冷えたゼラチンと、⅔の泡立てた生クリームを合わせて、へらで均等になるまで混ぜる。

組み立てる
⑨ 一番下の段のケーキをケーキ型にもどす。上から⅓量のババロアを流し入れ、平らにする。2段目のケーキをのせて、同様に⅓のババロアを流し入れて、平らにする。3段目も同様にする。冷蔵庫で完全にゼラチンが固まるまで冷やす。

⑩ 固まったら、型からはずす。絞り袋に入れた生クリームと水気を切ったみかんの実でデコレーションする。

カリフォルニアの
エスニック

人種のるつぼに食材あり

カリフォルニアの白人の人口が半分を割ってからもう10年以上になります。
この10年ほどで特に東南アジア人、中国人、インド人の移民が増え続け、
シリコンバレーはまさに人種のるつぼ（melting pot）になりました。
日本人である私にとってはとても嬉しい傾向です。
シリコンバレーに移住してきた1970年代の初めには
飲茶を出す中華料理店なんて高速道路を車で1時間以上北に飛ばして
サンフランシスコに行くしかなかったのですから。
それが40年後はどうでしょう。
半年前に我が家から歩いて行ける距離にも飲茶のお店がオープンしました。

飲茶だけではありません。
インド料理、ベトナム料理、タイ料理のレストランも増えました。
その国の人たちが沢山入っているかどうかが気になるところです。
大勢入っているところはきっとお国の味に近いのでしょう。

そして何よりも嬉しいのは各国のスーパーマーケットが増えた事。
お気に入りは東南アジアとインドのスーパー。 インド人もゴーヤが好きなんですね。
中国のゴーヤは日本のと少し違うのですがインドのゴーヤは日本の物と 同じで小さめ。
そしてスパイスの安い事！
チャイ用のスパイス、カレー用のスパイスはここで買っています。
紅茶も生半可な味じゃなく安くて美味しい。
日本人のお友達は「中華のスーパは臭い」と言って行かないのですが（確かに臭い）、
私はあの豊富な未知の食材を見ると、もう鼻は完全に麻痺です。
見たことも聞いたこともないスパイス、野菜、果物。
私の台所の棚と冷蔵庫は、そんな食材で一杯です。
使い方も分からないのについ買っちゃうんですよ。
家に帰ってから、インターネットで検索です。
いい世の中になりましたね。

カリフォルニアのメキシコ料理

アメリカのファーストフードチェーン店にメキシコ料理のタコベル(Taco Bell)があります。

丁度マクドナルドの様にカリフォルニアの各市に

1軒はあるのではと思えるくらいあちらこちらにあります。

以前仕事をしている頃、忙しくて夕食を作れない時、よくTaco Bellのお世話になりました。

子供達が家を離れてからTaco Bellに行くことはなくなりましたが、

タコスやブリトーは今でもよく作ります。

豆といえば甘く煮るものと思っていましたが

豆が塩味でお料理に使われるメキシコ料理に出会って豆を沢山食べるようになりました。

tacos

tortilla

chips & dips

tortilla chips

47

tortillas
トルティーヤ

イーストの入っていないメキシコの
薄焼きパンです。
色々なメキシコ料理のアレンジに。

材料：直径17cmのトルティーヤ12枚分
強力粉　350g
ベーキングパウダー　小さじ1
サラダオイル　30cc
塩　小さじ¾
湯(37〜40℃)　190cc

作り方
❶　大きめのボウルに全ての材料を合わせて混ぜる。一塊に
なったら打ち粉(分量外)を振った打ち台で10〜15分、こねる。
なめらかになったら丸くまとめてラップに包み30分〜1時間
室温で寝かせる。
❷　12等分に分割する。
分割した生地を2枚のベーキングペーパーに挟み、めん棒で
直径21〜24cmの円形になるようにできるだけ薄く伸ばす。
❸　油をひかずに、底が厚めで蓋付きのフライパンを弱火で
ゆっくり熱くする。②の片面のベーキングペーパーを取って、
生地を下にしてフライパンの上にのせてもう1枚のベーキン
グペーパーを取り、すぐ蓋をする。少し焦げ目がつくまで約
1分半焼いて、裏返してまた蓋をして反対側をさらに1分半
焼く。
❹　焼いている間に次の生地を伸ばして準備する。取り出し
た時に折れるくらいにやわらかい焼き上がりがちょうど良い。
※取り出したら清潔な濡れ布巾をかけておきましょう。手で
触れる熱さになったら冷凍用の密閉バッグに入れておくとや
わらかさが保てます。保存は冷蔵庫で1週間、冷凍庫で1カ
月。

tacos
タコス

日本ではタコライスが
お馴染みですね。メキシカンの味付
けはご飯ととても合うからでしょう。

材料：8枚
合挽き肉　400g
にんにく　1片
サラダオイル　適量
Ⓐ　クミン(粉末)　小さじ⅓
　　粉末パプリカ　小さじ⅓
　　塩　小さじ½弱

レタス　150g
トマト　150g
チーズ　150g
缶詰めのオリーブ　16個(あれば)
玉ねぎ　¼個
タコスのシェル　8枚、
またはトルティーヤ　8枚　(作り方→右上)
トマトサルサ　適量(作り方→P49)
アボカドディップ　適量(作り方→P49)
サワークリーム　適量(作り方→P106)

作り方
❶　フライパンにサラダオイルを加えて熱して、合挽き肉、
にんにく、Ⓐを一緒に炒める。
❷　レタスは細く切る。トマトは1cm角に切る。チーズはピ
ザ用チーズの大きさにおろす。オリーブは薄く輪切り、玉ね
ぎはみじん切りにして5分ほど水にさらして辛味をとって水
気を絞る。
❸　タコスのシェルにまず、①を入れて、②をのせる。トマ
トサルサ、アボカドディップ、サワークリームを添える。

tortilla chips
トルティーヤチップス

トルティーヤに油をぬって
焼くだけなので簡単です。
ディップにとても合います。

材料：4人分
トルティーヤ　4枚(作り方→上記を参照)
サラダオイル　適量

作り方
❶　トルティーヤの両面に刷毛で薄くサラダオイルをぬる。
オーブントースターで約2分半、半分色づいてカリカリにな
るまで焼く。焦げないように注意。焼けたら適当な大きさに
割る。
※トマトサルサ、アボカドディップやナッチョーチーズにつ
けてお召し上がりください。

guacamole dip

グアカモレ
アボカドのディップ

アメリカで人気のアボカドディップ。
メキシカンの定番です。

nacho cheese dip

ナッチョーチーズ
ディップ

コーンチップスにつけるチーズディ
ップです。おやつに良いですね。

材料：約2カップ分
玉ねぎ　½個
アボカド　2個
ピーマンまたはセラノチリ　1個
香菜（みじん切り）　大さじ2
トマト　½個
にんにく（すりおろし）　1片分
レモンの搾り汁　大さじ1
黒胡椒　小さじ¼
砂糖　小さじ½
チリパウダー、または粉末パプリカ　小さじ¼
クミン（粉末）　小さじ⅛
塩　小さじ½

作り方
❶　玉ねぎはみじん切りにして、水に5分浸して辛味を抜き
よく絞って水気を取る。アボカドは種と皮を除いて実をフォ
ークなどでピューレになるくらいよく潰す。ピーマン、香菜
はみじん切り、トマトは粗みじん切りにする。
❷　用意した材料をすべてボウルに入れて、合わせて出来上
がり。

ｍｅｍｏ
セラノチリを入れると辛くなります。

材料：200cc分
ピーマン　大さじ2
トマト　大さじ1
香菜　少々
バター　10g
薄力粉　大さじ1
塩　小さじ¼
温めた牛乳（70℃）　100cc
溶けるチーズ　65g

作り方
❶　ピーマン、トマト、香菜はみじん切りにする。
❷　小さな鍋に弱火でバターを溶かして、薄力粉を炒める。
火からおろして粗熱が取れたら温めた牛乳と塩を加えて、再
び火にかける。とろみがついて、煮立つまで木べらで混ぜ続
ける。
❸　チーズを溶けやすい大きさに切って加え、溶けるまで混
ぜる。最後に①を加える。

salsa

トマトサルサ

メキシコ料理には欠かせないサルサ。
手作りの美味しさには感動です。

材料：
トマト　2個
玉ねぎ（みじん切り）　¼カップ
にんにく（みじん切り）　1片分
香菜（みじん切り）　大さじ2
サラダオイル　大さじ1
米酢　大さじ½
レモンの搾り汁　大さじ½
塩　小さじ¼（味をみながら加減）
黒胡椒　小さじ⅛
タバスコ　大さじ½　入れなくても可

作り方
❶　トマトは1cm角のサイコロ状に小さく切る。玉ねぎは粗
みじん切りにして5分ほど水に浸して辛みを抜き、水気を絞
る。
❷　ボウルに材料を全て入れて混ぜて出来上がり。

ｍｅｍｏ
トマトサルサはメキシコ料理に欠かせない
ソースです。　コーンチップスにつけるだ
けでなく、トスタダ、エンチラダ、ファヒ
タ、サラダなど用途の多いソースです。

chili stew

作りおきのチリコンカン

先日巨大なお鍋にチリコンカンを作りました。アメリカの代表的な家庭料理です。
何故年寄り二人なのにお鍋一杯に作るかというと
このお料理、面倒がりやにぴったり！　つぶしが利くんですよ！
チリコンカンの食べ方は、ご飯とも合いますが
トルティーヤにチーズとこれをのせてオーブンで焼いて食べるのも美味しいし
巻いてブリトーにしたり、ピザのトッピングにしてもいけますね。
ずぼらな主婦をまめにみせてくれるお料理です。
意外な事にチリコンカンは70代以上の一部の日本人にも懐かしい食べ物なのです。
太平洋戦争直後、日本の食糧が不足していた時代、
アメリカからの配給品に缶詰のチリコンカンがありました。
その後日本は豊かになってチリコンカンは忘れられてしまいましたが
今でもアメリカの代表的な家庭料理です。
我が家ではお鍋一杯に作ってフリーザーバッグに入れて冷凍保存しています。

burrito

chili pizza

bean tostada

chili stew
チリコンカン

トマト、肉、豆のうま味を
チリ風味でまとめた煮込み料理です。

材料：3人分
牛肉　200g（シチュー用）または骨付き鶏もも肉2本
塩　適量
黒胡椒　適量
薄力粉
玉ねぎ　½個
セロリ　½本
にんにく　1片
ピーマン　2個
人参　1本
サラダオイル　適量
豆の水煮缶（好みのもの）　1缶（440g）
完熟カットトマト缶　1缶（400g）
クミン（粉末）　小さじ½
粉末パプリカ　小さじ1
ドライオレガノ　少々
冷凍コーン　½カップ
塩　適量
黒胡椒　適量
香菜（みじん切り）　適量（好みで）

作り方
❶　牛肉は食べやすい大きさに切り、塩、黒胡椒をして、薄力粉をたっぷり表面につける。玉ねぎはみじん切りに、セロリ、にんにくは薄切りにする。ピーマン、人参は1cm角のサイコロ状に切る。
❷　深くて厚手の鍋にサラダオイルを熱し、牛肉を炒める。牛肉を取り出して玉ねぎ、セロリ、にんにくを一緒に炒める。
❸　野菜に火が通ったら鍋に牛肉を戻す。冷凍コーンと香菜以外の残りの材料全てを加える。豆の水煮は缶のゆで汁も入れる。中火でそのまま煮込み、一度沸騰させて灰汁を除く。火力を落とし、蓋をして弱火で牛肉がほぐれるくらいやわらかくなるまで、約1時間ほど煮る。
❹　牛肉がやわらかくなったら、冷凍コーンを加えて、塩と黒胡椒で味を調える。ご飯やトルティーヤと食べる。好みで香菜を添える（トルティーヤの作り方→P48）。

chili pizza
チリコンカンのピザ

ピザ生地にチリコンカンとチーズをのせて焼くだけの手軽さです。
香菜も忘れないで！

材料：4人分
ピザ生地　1枚（作り方→P22）
チリコンカン　2½カップ（作り方は左参照）
ピザ用チーズ　120g
香菜　適量（入れた方が絶対美味しい！）

作り方
❶　P22を参照してピザ生地を作る。
❷　上に汁を切ったチリコンカン、ピザ用チーズ、香菜をのせて190℃（400°F）に予熱したオーブンで約15分焼いて出来上がり。

memo ▓▓▓▓▓▓▓
粉末パプリカの代わりにあればアメリカのチリパウダーを使ってください。チリパウダーは混合香辛料で、ほとんど辛味はないです。
豆の種類は金時豆でもひよこ豆でも豆なら何でもOK！　色々入れた方が美味しくなります。

burrito
ブリトー

サワークリームやチーズ、サルサ、
などディップをたっぷり挟むことが
美味しさの秘訣です。

材料：4〜5人分（4〜5個）
トルティーヤ　5枚（作り方→P48）
サラダオイル　適量
ピーマン　1個
赤パプリカ　1/2個
玉ねぎ　1/2個
Ⓐ　クミン（粉末）　小さじ1/2
　　粉末パプリカ　小さじ1/2
　　塩　小さじ1/3
うずら豆の水煮缶　1缶（400g入り）
チリコンカン　1カップ（あれば）
炊いた白米　1カップ
香菜　少々
トマトサルサ　1/2カップ（作り方→P49）
トマト　1個
チェダーチーズ
（ピザチーズのようにおろす）　175g
サワークリーム　1カップ（作り方→P106）
アボカドディップ　好みで適量（作り方→P49）

作り方
❶　うずら豆は半分ゆでて汁を残してマッシュポテトのように
ペースト状にする。ピーマン、赤パプリカ、香菜を小さく切
る。玉ねぎはみじん切りに、トマトは小さいサイコロ状に切
る。チェダーチーズはピザ用の大きさにおろす。
❷　フライパンにサラダオイル大さじ*を入れて熱くして、
玉ねぎ、ピーマン、赤パプリカを炒める。潰したうずら豆と
チリコンカンを加えてⒶで調味する。熱くなったら火を止め
る。
❸　フライパンにサラダオイル大さじ1を弱火で熱して、ト
ルティーヤ1枚を広げる。片面に②の具、白米（1個につき大
さじ2）をのせて、香菜を散らす。チーズ（1個につき35g）
をのせてトルティーヤを半分に折る。片面がかりっと焼けて
きたら、反対側を焼く。
❹　トマト、サワークリームを中に挟んで出来上がり。これ
にトマトサルサやアボカドディップを添える。

bean tostada
豆のトスタダ

トルティーヤとサルサを使った
メキシコ料理です。
サルサはたっぷりが美味しいです。

材料：2〜4人分
トルティーヤ　4枚（作り方→P48）
トッピング
豆の水煮　（ミックス豆、金時、うずら豆等）　350〜400g
玉ねぎ　1/4個
にんにく（すりおろし）　1片分
Ⓐ　クミン（粉末）　小さじ1/4
　　コリアンダー（粉末）　小さじ1/4
　　粉末パプリカ　小さじ1/4
　　ドライオレガノ　小さじ1/3
　　塩　小さじ1/4弱
チェダーチーズ　150〜200g
アボカド　適量
サワークリーム　1個につき大さじ1〜2（なくても可）
トマトサルサ　1個につき大さじ2〜3（作り方→P49）

作り方
❶　トルティーヤを4枚用意する。玉ねぎを小さく切る。
❷　フライパンにサラダオイルを熱し、玉ねぎ、にんにくを
炒める。火が通ったら豆の水煮、Ⓐを加えてさらに炒める。
水大さじ1〜3を加えると炒めやすい。具をフライパンの中
で4つに分ける。
❸　お皿の上にトルティーヤを置く。上に②の具の1/4量を広
げる。その上にチェダーチーズの分量1/4量を散らして、電子
レンジでチーズが溶けるまで加熱する。溶けたチーズの上に1
個につきトマトサルサ大さじ2〜3、アボカド、サワークリ
ーム大さじ1をのせて出来上がり。

m e m o
アメリカではミックス豆の代わり
にリフライドビーンが使われます。
豆自体にあまり味がありませんの
で、トマトサルサやアボカドディ
ップを添えてください。

ばあさんの本格！簡単！
ヘルシーなインドカレーとナン

ある土曜日の朝、じいさんと近くのファーマーズマーケット（直販市場）に行きました。
インド人の方がタンドールオーブンでナン（インドのパン）を焼いているのが
とても興味深かったです。ぎゅーっと伸ばした生地をオーブンの壁に
ばちっと叩きつけて焼きますが、3分の1は下に落っこちていました。
はい！　今日はナンを焼いてみようと思っております。
我が家のフライパン、落っこちない分だけあのタンドールオーブンよりも成功率高いです！
それに味も美味しい！　是非試してみてくださいね！　とても簡単です。
それに合わせるのは3種類のカレー。
レストランで食べるインドカレーはギーバター（澄ましバター）や
超辛のチリがふんだんに入っているので
胃の弱いばあさんは後で苦しい思いをしてしまいます。
でも我が家で作ると辛さもカロリーも自分好み。
辛すぎず、バターを使わないぶんだけカロリーも低め。
それ以外はレストランのカレー並に美味しいですから是非お試しを！

naan

shrimp curry

spinach curry

tomato curry

naan
ナン

カレーと一緒にいただきましょう。
気分はまるでインド料理の
レストランです。

材料：6〜8枚分
ぬるま湯　165cc
塩　小さじ1
砂糖　小さじ1
インスタントドライイースト　小さじ1
準強力粉　300g（強力粉でも可）
サラダオイル　小さじ2
ヨーグルト　大さじ2 $\frac{1}{2}$

作り方
❶　ボウルにぬるま湯を入れて塩と砂糖をよく溶かす。ドライイーストを加えてさっとかき回してほかの材料を量るまで置いておく。
❷　準強力粉、サラダオイル、ヨーグルトを加えてボウルの中でひとかたまりになるまで混ぜる。大体まとまったら打ち粉（分量外）を振った打ち台に出して5分ほどこねる。
❸　サラダオイル（分量外）を薄く塗ったボウルに丸くまとめた生地を入れて、濡れ布巾かラップを被せて量が2倍くらいに膨れるまで置いておく。25℃の室温だと1時間以上かかる。温度が高いと発酵時間が短くなり、低いと長くなる。
❹　膨らんだら6〜8等分してパンマットなどでカバーをして、20分程生地を休ませる。
❺　一つの生地をめん棒で楕円形に薄く伸ばす。
❻　蓋付きのフライパンを熱し、フライパンが熱くなったら、平たく伸ばした生地をフライパンに広げて、すぐ蓋をする。片面がこんがりと焼けたら裏返して反対側を焼いて出来上がり。焦げやすいので適当に温度調節する。

ｍｅｍｏ

フライパンに油をひく必要はありません。使用するフライパンはかなり温度が高くなる鉄製かステンレス製のフライパンが良いです。焦げやすいのでフライパンは適当に温度調節しましょう。

spinach curry
ほうれん草カレー

生クリームを加えますが、
ココナッツミルクもおすすめです。

材料：4人分
ほうれん草　1束　約200g
チキン（骨付き鶏もも肉）　4本
塩　適量
黒胡椒　少々
薄力粉　適量
サラダオイル　適量
玉ねぎ　1個
グリーンチリ、または種を除いた唐辛子　1本
ピーマン　1個
にんにく　1片
しょうが　1.5cm
スパイス
Ⓐ　クミンシード　小さじ1（粉末でも可）
　　カルダモン　4粒（殻を割っておく）
　　シナモンスティック　1本または粉末小さじ1
　　ターメリック（粉末）　小さじ1
　　コリアンダー（粉末）　小さじ $\frac{1}{2}$
水　700cc
塩　小さじ1十強
砂糖　小さじ1
生クリーム（またはココナツミルクか牛乳）　100cc
ガラムマサラ　小さじ $\frac{1}{2}$（好みで）
塩　仕上げに好みで

作り方
❶　にんにくとしょうがは薄切りにする。ほうれん草はさっと湯がいて水を切る。玉ねぎ、ピーマンは粗く切る。
❷　チキンに塩、黒胡椒をして、薄力粉をつける。薄力粉はカレーのとろみをつけるのでたっぷりと両面につける。圧力釜かシチュー用の鍋にサラダオイルを大さじ1くらい入れて、チキンの両面に色がつくように炒める。中まで火が通らなくてもよい。チキンは鍋から取り出しておく。
❸　②の鍋に少しサラダオイルを追加して玉ねぎ、にんにく、しょうが、グリーンチリ、ピーマンを炒める。
❹　①のほうれん草、③の野菜をフードプロセッサーに入れてソース状になるまで攪拌する。水（分量外）を少し加えると回りやすくなる。
❺　同じ鍋にサラダオイルを少し加えてⒶを炒める。
❻　そこに④、②のチキン、水、塩、砂糖を加えて、チキンの肉が骨からほぐれるくらい、やわらかくなるまで煮る。大体50〜60分くらい、圧力釜なら約18分。最後にガラムマサラ（なくても可）、生クリームと塩を加えて、煮立たせないように加熱して出来上がり。

ｍｅｍｏ

スパイスは長く煮込んでいると風味が弱くなっていきます。そこで最後に加えるのが少量のガラムマサラです。

tomato curry

チキンマッカニ風
トマトカレー

インド料理のチキンマッカニ＝
バターチキンの低脂肪版です。

材料：2人分
チキン（骨付き鶏もも肉）　2〜3本
塩　少々
黒胡椒　少々
薄力粉　適量
サラダオイル　大さじ1
クミンシード　小さじ1
カルダモン　4粒（潰す）
玉ねぎ　1/2個
赤パプリカ　1個
にんにく（すりおろし）　2片分
しょうが（すりおろし）　大さじ1
Ⓐ　水　30cc
　　トマトソース（缶詰）　200cc
　　塩　小さじ1/2（味をみながら加減）
　　砂糖　小さじ1
　　コリアンダーパウダー　小さじ1/2
　　赤唐辛子（種抜き）　2本程
　　シナモンパウダー　小さじ1/4
　　（またはスティック1本）
低脂肪牛乳　250cc
（または牛乳と生クリームを半々）
ガラムマサラ　少々

作り方
❶　チキンに塩、黒胡椒して薄力粉をまぶす。薄力粉はカレーのとろみになるのでたっぷりと全面につける。玉ねぎと赤パプリカはみじん切りにする。
❷　鍋にサラダオイルを入れて熱し、クミンシード、カルダモンを加えて香りが立つまで炒める。そこにチキンを加えて全体に軽く焦げ目がつくほど炒めて取り出す。
❸　サラダオイルを追加して、玉ねぎを炒める。玉ねぎにちょっと焦げ目がついたら、にんにく、しょうが、赤パプリカを加えて炒める。
❹　②の炒めたチキンとⒶを加えてチキンの肉が骨からはずれるくらいになるまで弱火で約40分煮る。圧力釜なら約18分。チキンがやわらかくなったら、最後にガラムマサラと低脂肪牛乳を加えて出来上がり。
※牛乳を加えてからは牛乳が凝固しますから煮立てないで下さい。召し上がる前に再加熱程度なら大丈夫です。ナン、またはご飯と一緒にお召し上がりください。

shrimp curry

海老カレー

コリアンダーやクミンが入ったちょっと
エスニックな味わいです。サフランライ
スと一緒に食べるのがおすすめです。

材料：2人分
玉ねぎ　150g
ピーマン　3個
にんにく　1片
サラダオイル　適量
しょうが（すりおろし）　小さじ1 1/2
Ⓐ　コリアンダー（粉末）　小さじ1/4
　　カレー粉　小さじ3/4
　　クミン（粉末）　小さじ1/3
　　ターメリック（粉末）　小さじ1/8
トマト　中2個（300g）
ココナッツミルク　150cc
塩　小さじ1/2
海老　150〜200g
砂糖　小さじ1 1/2

作り方
❶　海老は殻をむき、背わたを取っておく。トマトは1cm角に切る。玉ねぎ、にんにくをみじん切りにする。ピーマンは縦に細く切る。
❷　蓋のあるフライパンにサラダオイルを入れて熱し、玉ねぎ、ピーマン、にんにく、しょうがを加えてやわらかくなるまで炒める。Ⓐを加えて、蓋をして蒸すようにしっかり野菜がやわらかくなるまで火を通す。
❸　トマトと塩、砂糖を加えて沸騰させ、蓋をして極弱火でトマトがやわらかくなるまで15分くらい煮る。
❹　最後にココナッツミルクと海老を加えて海老に火が通るまで煮る。塩で調味して出来上がり。

ｍｅｍｏ

このカレーにはバサマティ米（インドのお米）またはうるち米1カップに対してサフラン少々、バター大さじ1を加えて炊く、サフランライスに合わせて食べるのもおすすめです。

vietnamese bun

カリフォルニアの
ベトナム・タイ料理屋さん

この数年サンフランシスコ近郊にエスニックのレストランが増えました！
我が家の近くにオープンしたタイ料理レストランは
ばあさんのタイ料理の教科書になりました。
我が家で一番味覚が鋭いのは息子。
家族で食べに行く度に、食材を解明してくれます。
それでもなかなか思うようにはいきませんわね。
息子の知らない香辛料が沢山あるのですから。
でも家族の試食後の批評はとても為になります。
ココナッツチキンとピーナツソースはOKがでましたよ。
生春巻きに関してはレストランより美味しいと言ってくれます。

stir-fried vegetables

vietnamese spring rolls

coconut chicken

vietnamese bun
ベトナム風冷麺

夏の暑い日にぴったりです。米粉でできた麺ブンを使いますが、ソーメンでも美味しくできます。

材料：4人分
マリネード液
Ⓐ にんにく　1片
　砂糖　大さじ1
　玉ねぎ　50g
　ニュクマム　20cc
　ライム、またはレモンの搾り汁(米酢でも可)
　大さじ1
　黒胡椒　小さじ⅓
　＊レモングラス
　(根元のやわらかい部分5cmだけ)　1本
サラダオイル　20cc
海老　16尾
豚もも肉(薄切り)、または鶏むね肉　200g
ニュクマムのたれ
Ⓑ 熱湯　60cc
　グラニュー糖　25g
　ニュクマム　30cc
　にんにく(すりおろし)　1片分
　ライムまたはレモンの搾り汁(米酢でも可)
　大さじ1
サラダの材料
　ブン(米粉細麺)
　400g(ソーメンでも可)
　レタス　1玉、または葉レタス　1束
　キュウリ　2本
　もやし　カップ2
　ミントの葉　16枚くらい
　青シソの葉　4枚くらい
　香菜(好みで)　3〜4本くらい
　＊タイバジル　4本くらい
　ピーナツ(刻む)　½カップ
＊のついた材料は使用しなくても大丈夫です。

作り方
❶ マリネード液を作る。Ⓐをフードプロセッサーに入れて攪拌し、ピュレ状にする。
❷ 殻をむいて、背わたを取った海老、豚肉、をマリネード液に一晩浸けておく。
※マリネードが余ったら密閉容器に入れて冷凍しておきましょう。
❸ ニュクマムたれを作る。ボウルにⒷを入れてよく混ぜる。
❹ ブンをパッケージの表示時間通りゆでて、冷水にさらして水気を切る。マリネード液に漬けておいた豚肉、海老を炒める。
❺ レタスは3cm幅に切り、キュウリは細切りに、もやしは熱湯でサッとゆがいて冷水にさらして水気を切る。
❻ ②の野菜とミント、タイバジル、青シソをお皿に盛る。その上にブン、焼いた海老、豚肉をのせてピーナツを振りかけて、出来上がり。召しあがる前にニュクマムソースをかける。好みで香菜を添える。

vietnames spring rolls
生春巻き

美味しい生春巻きの秘密は具にあります。具に下味をつけておくことで格段に美味しくなりますよ。

材料：8本分
海老　8尾
海老のマリネ
　玉ねぎ(すりおろし)　大さじ2
　サラダ油　小さじ1
　にんにく(すりおろし)　1片分
　ニュクマム　小さじ4
　酢　小さじ2
　砂糖　小さじ2
春巻きの具
　春雨　60g
　レタスの葉(細かく切る)　4枚
　人参　½本(千切り)
　もやし　½カップ
　ミント、または紫蘇の葉　8枚
　香菜　8本
　タイバジルの葉(あれば)　8枚
ニュクマムのたれ
　にんにく(すりおろし)　½片
　熱湯　60cc
　グラニュー糖　25g
　ニュクマム　30cc
　ライムの絞り汁　大さじ1
　(ライム約1＋½個　レモンでも可)
　人参(千切り)　大さじ1
　粉唐辛子　少々
サラダオイル　適量
ライスペーパー　8枚

作り方
❶ ボウルにニュクマムのたれの材料をすべて混ぜ合わせる。
❷ 海老は殻をむいて背わたを取り、①に20分〜ひと晩浸け、下味をつけておく。もやしはサッとゆでて、春雨もゆでて適当な大きさに切る。
❸ 海老を少々のサラダオイルでさっと炒めて、冷めたら縦半分に切っておく。
❹ ライスペーパーが入るサイズのフライパンにぬるま湯を用意する。温度は手を入れてぬるく感じる程度が目安。そこにライスペーパーを10秒ほど浸して、まだ硬いうちに取り出す。
※温度が高すぎるとすぐやわらかくなり過ぎてくっついてしまいます。お湯から出した時はまだ硬めの状態に。熱すぎたり、浸けすぎたりするとしなってしまい、とても巻きにくくなります。
❺ ライスペーパーを、水気を拭いたまな板に置く。この時はまだふやけずにしっかりしている状態。1分ほど置いて、巻けるくらいにやわらかくなってきたら、中心からちょっと手前に、半分に切った海老を2つ並べて次に具を上に重ねていく。ひと巻きしたら横を中心に折り、さらに巻いて出来上がり！

m e m o

具はこれでなくちゃ〜ってことはありません。海老が小さい時はチキンや豚肉を加えても美味しいですよ。多めに作らない方が良いです。冷蔵庫に入れた生春巻きは皮が硬くなって美味しくありませんから、その日に食べきる分だけ巻く方が良いです。

coconut chicken
ココナッツチキンと
ピーナッツソース

近所にタイ料理のレストランがあります。そこのお気に入りメニューを再現しました。

ココナッツチキン

材料：4人分
チキン（鶏むね肉）　500〜700g
マリネード液
　ココナッツミルク 100cc
　玉ねぎ（みじん切り）　$\frac{1}{4}$個分
　にんにく（すりおろし）　1片分
　しょうが（すりおろし）　小さじ$\frac{1}{4}$分
　ニュクマム　大さじ$1\frac{1}{2}$
　ライム、またはレモンの搾り汁　小さじ4
　ライム、またはレモンの皮（すりおろし）　小さじ$\frac{1}{2}$
　砂糖　大さじ$1\frac{1}{2}$
　ターメリック　小さじ1
　赤唐辛子（種を除いて）　1〜2本
サラダオイル　適量

作り方
① チキンは食べやすい大きさに切る。
② マリネード液の材料をボウルに全部合わせる。そこにチキンを浸けておく。最低6時間は浸ける。
※朝浸けておくとよいでしょう。
③ マリネード液に浸かったチキンを焼く、または炒める。炒める場合はフライパンにサラダオイルを熱し、そこにチキンを入れて炒め、しっかり火を通す。焼く場合は串にさし、熱したグリルパンで両面をこんがりと焼く。

ピーナッツソース

材料：125cc分
玉ねぎ（みじん切り）　$\frac{1}{4}$個分（約60g）
にんにく（すりおろし）　1片分
Ⓐ　サラダオイル　適量
　ココナッツミルク　大さじ2
　ピーナッツバター（無糖）　30g
　レモンの絞り汁　大さじ$1\frac{1}{2}$
　ブラウンシュガー　大さじ$1\frac{1}{2}$
　シナモンスティック　1本
　またはシナモンパウダー　ひとつまみ
水　大さじ2

作り方
① フライパンにサラダオイルを入れて中火で熱し、玉ねぎとにんにくを炒める。そこにⒶを入れてよく混ぜて沸騰させ、少し煮詰める。
② 冷えたら水を加えてのばす。

ｍｅｍｏ
チキンを浸けていたマリネード液は野菜炒めに使えるので冷蔵庫にとっておきましょう。

stir-fried vegetable
ココナツミルクマリネで野菜炒め

チキンを浸けていたマリネが残りましたね。これはね、お野菜炒めに使うととっても美味しいですよ。

材料：2人分
ココナッツチキンのマリネ液（チキンが浸っていた液）
サラダオイル　大さじ1　炒め用
チキン（鶏もも肉）　250g
Ⓐ　人参　$\frac{1}{2}$本
　ピーマン　3個
　万能ねぎ　2本
　セロリ　1本
　玉ねぎ　$\frac{1}{2}$個
生のミントの葉　数枚、
またはシソの葉2枚くらい
香菜　適量
タイバジルの葉　4枚（好みで）
ピーナッツソース　少々（好みで作り方は左参照）
塩　小さじ$\frac{1}{4}$（味をみて加減）
黒胡椒　少々

作り方
① Ⓐの野菜を細切りにする。チキンは一口大に切る。
② フライパンにサラダオイルを入れて熱し、煙が少し出るくらいまで熱くしてから、チキンを入れる。炒めて両面を焼いて中まで火を通し、お皿などに取り出しておく。
③ フライパンはそのままで、サラダオイルを足して、野菜、ココナッツチキンのマリネ液の残りを野菜の上にかけて、蓋をして蒸し焼きにする。
④ 途中で2回くらい蓋を外してフライパン返しで混ぜて出来上がり。
※フライパンの底についていた肉のおこげもきれいに取って混ぜましょう。蒸したのでおこげが簡単に取れるはずです。
⑤ 最後に刻んだハーブとピーナッツソース、②を加えて、塩、黒胡椒で味を調えて出来上がり。

ｍｅｍｏ
炒め方はステンレスのフライパンを使った時です。フライパンの種類によって炒め方が違うのでご自分のフライパンに合った方法で炒めてください。
炒めるお野菜は冷蔵庫にあるもので結構。例えばもやし、キャベツ、小松菜を入れても美味しいです。

カリフォルニアの飲茶

私が初めて飲茶（点心）専門の中華飯店で飲茶を食べたのは1972年、

サンフランシスコのチャイナタウンでした。

それはそれは見た事もないような飲茶のお料理が次から次にカートで運ばれてきて、

その種類と美味しさと安いお値段に仰天しました。

当時は飲茶と言えば、

サンフランシスコのチャイナタウンまで行かないと食べられなかったのですが、

最近はアップル社の本社がある、クパチーノ市にも中華街ができて

そこにもお気に入りの美味しいお店があります。

シュウマイ、韮餃子、蝦餃、粥等ととにかく種類が豊富！

一皿に3つの食べ物がのっているので、

それをウエイトレスがはさみで二つに切ってくれます。

約15種類程の飲茶が食べ放題で、一人10ドル。

これに税とチップを入れても13ドル（約1100～1200円）。

種類の豊富さとお値段を考えると

中国人が飲茶を家で作らない理由が分かるような気がします。

それなのにばあさんは再現したい気持ちを抑えられないので作ります。

自分で作るとどんな食材を使うのか、そういう発見も面白いです。

barbecued sparerib
ポークスペアリブのマリネード
中華風の焼き豚肉のマリネードです。中華まんや野菜
炒めにも少し入れると美味しいですよ。

材料：約3人分
骨付き豚肉（鶏肉でもよい）　500～700g
マリネード液
　砂糖　½カップ
　ケチャップ　½カップ
　醤油　½カップ
　塩　小さじ1
　酒　¼カップ
　五香粉　少々（あれば）
　海鮮醤（ホーソンソース）　大さじ1（あれば）
　にんにく（すりおろし）　1片分

作り方
❶　骨付き豚肉をたっぷりの湯で40分くらいゆでる。圧力釜で約10分。
❷　マリネード液の材料を全て混ぜる。ゆでた豚肉を取り出して、マリネード液に一晩浸ける（鶏肉を使う場合はゆでずにそのまま浸ける）。グリルパンなどで直火で焼きながらマリネ—Fを何度かぬる。

m e m o
海鮮醤とは中国の甘味噌で海鮮の風味はありません。長期保存したい時はにんにくは入れないで、使う前に、にんにくだけ追加しましょう。

hot&sour soup
酸辣湯（サンラータン）

30年前に中国人のお友達が作ってくれました。
酸っぱくて辛いスープにびっくりしました。

材料：3〜4人前
鶏がらスープ　400cc（スワンソン社のチキンブロス缶使用）
400ccの湯＋鶏がらスープの素大さじ1でも可
湯　200cc
干し椎茸　2枚
きくらげ　2枚（わかめでも可）
干し海老　小さじ½
調味料
　　水　100g
　　片栗粉　大さじ1
　　米酢　大さじ1½
　　醤油　大さじ½
　　砂糖　小さじ1
　　胡椒　少々
木綿豆腐　半丁
ゆで筍　50g
溶き卵　1個
塩　小さじ¼（味をみて加減）

作り方
❶　木綿豆腐、ゆで筍は5mm幅に細長く切る。
❷　ぬるま湯に干し椎茸、きくらげ、干し海老を戻して出汁をとる。やわらかくなったら干し椎茸、きくらげを絞って5mmくらいの細さに切る。再び出汁に戻しておく。
❸　鶏がらスープ、①、②を全部鍋に入れて、中火で2分沸騰させる。調味料を全部合わせてスープに加え、塩で調味する。再び沸騰してきたら溶き卵を加えて卵に火が通ったら出来上がり。

tofu with shrimp
豆腐と海老のあんかけ

我が家で大ヒットの中華料理です。
簡単で美味しいので、料理嫌いな娘まで作るように。

材料：3人分
鶏がらスープ　400cc（スワンソン社のチキンブロス缶使用）
400ccの湯＋鶏がらスープの素大さじ1でも可
干し椎茸　2枚（3つに切る）
干し海老　小さじ½
Ⓐ 砂糖　小さじ2
　　蒜蓉豆豉醤（ソンヨウトウチジャン）　小さじ2
　　なければ醤油でも可
　　醤油　小さじ1
　　塩　小さじ¼
　　コーンスターチ　大さじ2
　　（片栗粉の場合は大さじ1）
　　しょうが（すりおろし）　小さじ½
　　にんにく（すりおろし）　1片
海老（殻つき）　75g
チキン（鶏むね肉）　50g
Ⓑ 酒　大さじ1
　　塩　少々
　　コーンスターチ　小さじ1
サラダオイル＋ごま油　合わせて大さじ1
豆腐　400g
冷凍グリーンピース　75g
冷凍コーン　75g
ねぎ　少々（飾り）

作り方
❶　鶏がらスープを電子レンジで熱くして、干し椎茸と干し海老を入れて椎茸がやわらかくなるまで置いておく。Ⓐの調味料を加える。
❷　豆腐は1cm幅に細長く切る。海老は殻をむいて背わたを取る。にんにくは薄切りにする。
❸　チキンを細く切って海老と一緒にボウルに入れ、Ⓑを加えて下味をつける。
❹　フライパンにサラダオイルとごま油を熱して、③の海老とチキンを炒める。火が通ったら皿に取り出す。
❺　フライパンを火からおろして粗熱が取れたら①の出汁を加える。木べらでかき混ぜながら中火でとろみが出るまで加熱する。
❻　とろみが出たら豆腐、解凍したグリーンピースと、コーンを加えて豆腐が熱くなるまで蓋をして弱火で2分ほど煮る。最後に④を加える。器に盛ってねぎをのせて出来上がり。

shrimp bifun
台湾風ビーフン

20年程前台湾人のおばあさんから習いました。
いらっしゃる時はいつもこのビーフンがお土産でした。

材料：3人分
鶏がらスープ　500cc（スワンソン社
のチキン・ブロス缶使用）
500ccの湯＋鶏がらスープの素大さじ1でも可
Ⓐ　酒　大さじ1
　　にんにく　2片（薄切り）
　　しょうが　3切れ分（薄切り）
　　干し椎茸　3枚
　　干し海老　小さじ1/2（なくても可）
　　ゴマ油　小さじ2
　　赤唐辛子（種を除く）　1本
　　オイスターソース　小さじ2
　　醤油　小さじ1
　　塩　小さじ1/2（味をみて加減）
具の材料
ビーフン　200〜220g
海老　8〜10尾（約100g）
万能ねぎ、または青ねぎ　4〜5本
もやし　一つかみ
人参　1本
サラダオイル　適量

作り方
❶　大きめのボウルにⒶと鶏がらスープを温めて合わせる。干し椎茸がやわらかくなったら絞って細く切ってスープに戻す。

❷　万能ねぎは5cmに切り、縦に細く切る。人参も5cmに切り、縦に細い千切りにする。もやしは洗って水を切る。海老は殻をむいて背わたを除く。

❸　大きなボウルに水をたっぷり入れて、ビーフンを5分ほど浸し、取り出して、そのまま置いておく。やわらかくなったら食べやすい長さに切る。

❹　フライパンにサラダオイルを入れて熱し、海老を高温でさっと炒めて取り出しておく。サラダオイルを追加し、人参、ねぎに少し塩（分量外）を振って炒める。これも取り出して海老と一緒に置いておく。

❺　同じフライパンに①の2/3量とビーフンを入れる。ビーフンがスープを吸収するように時々混ぜる。残りのスープを加える。

❻　スープがなくなり、ビーフンに火が通ったら、④ともやしを上にのせて蓋をする。もやしがやわらかくなるまで蒸して出来上がり。

chive dumplings
韮海老まん

この透き通る皮は小麦澱粉＝浮き粉を使います。
手に入らなければ餃子の皮でも美味しく作れます。

材料：32個分
餡
　　韮　250g
　　海老　200g
　　鶏むね肉　100g
　　ゆで筍　30g
　　くわい　50g
Ⓐ　醤油　小さじ½
　　胡椒　少々
　　みりん　大さじ1
　　胡麻油　小さじ½
　　コーンスターチ　小さじ1
　　塩　小さじ½
皮
　　鶏がらスープ　225g
　　（スワンソン社のチキンブロス缶使用）
　　水225cc＋鶏がらスープの素小さじ1½でも可
　　塩　小さじ⅓
　　小麦澱粉　150g
　　（タピオカ澱粉とよく混ぜておく）
　　タピオカ粉（片栗粉でもよい）　30g
　　サラダオイル　大さじ1
サラダオイル　大さじ1

作り方
❶　1分弱ほど韮を湯がく。すぐザルに取り出し冷水にさらす。両手で絞って水気を取り、2cmくらいに切る。
❷　海老は殻をむき、背わたを除き、3つに切る。鶏肉、ゆで筍、くわいはみじん切りにする。
❸　ボウルに①、②とⒶの調味料全てを合わせてよく混ぜる。
❹　皮を作る。鶏がらスープを沸騰させてボウルに入れる。そこに一度に小麦澱粉とタピオカ粉を加える。
❺　よくヘラで混ぜて手で触れるくらいに冷めたら、強力粉（分量外）を振った台の上に取り出してサラダオイルを加えながら、お餅のようになるまでよくこねる。
❻　4つに分割し、それぞれ20cmの棒状になるまで手のひらで伸ばす。それをさらに8つに分割して、乾燥しないように、ラップでおおう。トータルで32個。
❼　ラップに生地をはさんでめん棒で直径9cmまで広げる。生地は乾燥しないようにラップで覆う。
❽　小さじ⅔ほどの③を皮の中央に置いて包む。上から軽く押さえて少し平たくする。
❾　フライパンに多めにサラダオイルを入れて熱し、韮海老まんを並べて底に焦げ目をつける。水を5mmくらいの深さまで入れて蓋をする。
❿　中まで火が通ったら蓋を取り、残りの水分を飛ばして底がぱりっとなるまで焼く。必要な時はサラダオイルを追加する。
※餃子を焼く時と同じ方法です。

ｍｅｍｏ
皮は破れるギリギリの薄さまで伸ばすと美味しいです。片栗粉はタピオカ粉ほど透明感がでません。

har gow
ハガウ（蝦餃)

飲茶に必ず出てくる蒸し餃子です。餃子と違うのは
皮が透明なところ。皮は韮海老まんと同じ作り方です。

材料：24個分
餡
	海老　250g
	（殻を除き、みじん切りにした重さ）
	鶏むね肉　50g（皮を除きみじん切り）
	ゆで筍　またはくわい　50g

調味料
	みりん　小さじ1
	蒜蓉豆鼓醤（ソンヨウトウチジャン）
	小さじ½（醤油でも可）
	塩　小さじ½強
	酒　小さじ2
	胡麻油　小さじ1
	しょうが（すりおろし）　小さじ¼分
	片栗粉　大さじ½
	卵白　1個分
	ねぎ（わけぎ、あさつき、万能ねぎ等）　1本

皮
	鶏がらスープ　170cc
	（スワンソン社のチキンブロス缶使用）
	水170cc＋鶏がらスープの素小さじ1でも可
	塩　小さじ¼（スープの塩味をみて加減）
	小麦澱粉、または貫雪粉（浮き粉）　120g
	タピオカ粉、または片栗粉　20g
	サラダオイル　小さじ2

作り方
❶　餡の全ての材料とねぎを小さく切って、調味料を混ぜる。
❷　皮を作る。鶏がらスープを沸騰させ、中サイズのボウルに入れる。塩味がついていない場合はここで塩を加えてよく混ぜる。そこに小麦澱粉、タピオカ粉を一度に加える。よくスプーンで混ぜて手で触れるくらいに冷めたら、強力粉（分量外）を振った台に取り出してサラダオイルを加えながら、お餅のようになるまでよくこねる。
❸　生地を3等分して、それぞれ20cmの棒状になるまで手のひらで伸ばす。それをさらに8つに分割して、乾燥しないように、ラップで覆う。トータルで24個分の皮。
❹　ラップに生地をはさんでめん棒で直径9cmまで広げる。広げた生地は乾燥しないようにラップで覆う。
❺　円形の端⅔に7〜8のひだを入れる。残りの⅓はひだを入れないでおく。
❻　小さじ⅔くらいの餡を皮の端につかないように入れる。端が半円形を描くようにしっかりと閉じる。平たい台の上で少し押さえつけるように底を平らにする。
❼　ふきんを敷いた蒸し器に並べて、7分蒸す。火を止めても数分は蒸し器から取り出さない。フライパンで韮海老まん（P66）と同じように焼いても良い。

m e m o

皮はその日に全部使い切るようにしましょう。冷凍保存はできません。
蒸し餃子ですが、蒸す代わりに普通の餃子のようにフライパンで炒めても美味しいです。皮は出来るだけ薄く伸ばした方が美味しいです。

ばあさん流簡単おこわ

鹿児島に山形屋という老舗のデパートが
ありまして、そこの地下に売られているおこわが
両親の大好物でした。
町で用事を済ませたら、必ずこのデパ地下に
寄って2種類のおこわを買って帰りました。
あぁ〜懐かしい。　確か鮭、山菜、赤飯？の
3種類があったような。
カリフォルニアではおこわと言えば、
飲茶で出てくる蓮の葉包みのおこわですね。
以前はあの蓮の葉に包んで蒸していたのですが、
面倒なので最近は電気釜で炊き込んで
作っています。簡単でとても美味しいです。

m e m o

もち米は200cc＝1カップで計って
ください。

中華おこわ

飲茶の蓮の葉ちまきを簡単にしていったら
こんなになりました。

材料：6人分
もち米　3カップ(600cc)
出汁スープ
　鶏がらスープ　280cc
　(スワンソン社のチキンブロス缶使用)
　水280cc＋鶏がらスープの素小さじ1でも可
　干し椎茸　3枚
　干し海老　小さじ½
　塩　小さじ¼
　オイスターソース　小さじ1
　胡麻油　小さじ1
　酒　大さじ1
　醤油　大さじ2
　砂糖　小さじ2
具
　鶏むね肉　100g　ひき肉でもよい
　海老(殻付き)　40g
A 塩　少々
　コーンスターチ　小さじ2
　酒　小さじ2
B 人参　35g
　インゲンマメ　4本
　ゆで筍　45g
　サラダオイル　適量
具の調味料
　ケチャップ　大さじ1
　醤油　小さじ2
　砂糖　小さじ1
　海鮮醤(ホーソンソース)　小さじ1(あれば)
　蒜蓉豆鼓醤(ソンヨウトウチジャン)
　小さじ½
　(なければ味噌　小さじ½でも可)

作り方
① もち米は洗って2時間水に浸しておく。炊き込む10分前にはザルにあげて、水をよく切っておく。具の調味料はボウルに入れて混ぜておく。
② 鶏がらスープに干し椎茸、干し海老を30分程浸しておく。
③ 鶏肉は大豆の大きさくらいに切る。海老は殻をむき、背わたを除いて、鶏と同じ大きさに切る。切った鶏肉と海老は一緒にして、Aを混ぜておく。Bの野菜類も同じ大きさに切る。干し椎茸をスープから取り出してしっかりと絞って(汁はスープに戻るように)これも大豆くらいの大きさに切る。
④ フライパンにサラダオイルを加えて熱し、③の鶏肉、海老を炒めてから取り出す。サラダオイルを追加して残りの野菜類を炒める。火が通ったら鶏肉と海老をフライパンに戻して、弱火で混ぜながら具の調味料を加える。
⑤ ②のスープに調味料(塩、オイスターソース、胡麻油、酒、醤油、砂糖)を加える。この時スープは約330cc。
⑥ 水をしっかり切ったもち米と⑤を炊飯器に入れて炊く。炊き上がり15分前に④の具の¾量をご飯の上に広げてすぐ蓋をする。途中で炊飯器の蓋を開けられない場合は炊き上がってすぐに具を入れてしばらくおく。
⑦ 炊き上がったらお茶碗に盛って、具の残りを上にのせる。

sweet rice with ell
鰻のおこわ

昔、亡母の友人から習ったお料理。
母のお見舞いにいつも作ってくださいました。

材料： 3〜4人分
もち米　2カップ
（2時間水に浸して、ざるで10分水切りをする）
出汁スープ（合わせて200cc）
Ⓐ　昆布出汁
　　酒　大さじ2
　　みりん　大さじ1
　　塩　小さじ½強
鰻の蒲焼き　2串分
錦糸卵　適量（お好みで）
山椒　適量

作り方
❶　炊飯器にもち米とⒶを入れて、上から一口大に切った鰻
の蒲焼きを入れて炊く。
上から錦糸卵で飾り、山椒を振る。

sweet r ce with bacon
ベーコンのおこわ

じいさんのための塩分控えめのおこわです。
西洋とアジアの合併料理は家族にも大好評です。

材料：
もち米　2カップ
鶏がらスープ　175g
（スワンソン社のチキンブロス缶使用）
水170cc＋鶏がらスープの素小さじ1強でも可
酒　大さじ2
みりん　大さじ1
塩　小さじ½強（出汁の塩分をみて加減）
ベーコン　100g
セロリ　1本（60g）小さく切る
冷凍グリーンピースと冷凍コーン
合わせて1カップ（130g）
塩　少々
黒胡椒　少々

作り方
❶　もち米は洗って水に2時間浸ける。炊く10分前にザルに
あげて水をよくきる。
❷　鶏がらスープに酒、みりん、塩をあわせて合計を220gに
する。
※鶏がうスープじゃなくても昆布の出汁でも鰹の出汁でも美
味しい出汁なら何でもOK。
❸　ベーコンを小さく切って中火で熱したフライパンでちょ
っと端が焦げるまで炒める。
❹　②の出汁スープともち米を炊飯器に入れる。その上に炒
めたベーコンを入れて炊く。
❺　フライパンに溜まった脂は捨てて、そこにセロリと冷凍
グリーンピースとコーンを入れて炒めて黒胡椒と塩で味付け
する。おこわが炊けたらこれを混ぜ入れて出来上がり。

娘に料理レッスン

私の娘は大学卒業後、プログラマーとしてコンピュータ系の会社で8年勤めていました。
ところがこの不況下で、人件費削減のため会社が閉鎖（シンガポールに移動）。
未だ職が決まりません。
人生にはいろいろなことが起こります。
だからこそ何事も与えられた良い機会として捉え、前向きに
これを利用しないわけはありません。
私はこの時とばかり、娘の食生活を正そうと、1週間に一度、
娘のアパートに料理レッスンに押しかけて行く事にしました。

何しろ娘の冷蔵庫ときたらお野菜が殆ど入っていないのですから。
レッスンの目的はお野菜を中心にヘルシーメニューを好きになること。
記念すべき第1回目。まずは…何から始めよう、と娘と相談。
そして知った事実は何と！
娘は30歳にしてほうれん草を一度も買ったことがないそうな！！
そんな娘にほうれん草の洗い方と湯がき方のレッスンで始まりました。
アメリカのほうれん草の根っこにも泥が沢山ついています。
まずこの泥の落とし方から。そしてほうれん草入り卵焼き。
これは昔子供たちのお弁当に入れたので、子供達にとってはおふくろの味なのです。

さて、次はお魚料理。
鱒の頭のちょん切り方…と今のところ第6回までレッスンは行われました。

レッスン内容

第1回目レッスン　ほうれん草入り卵焼き
第2回目レッスン　鱒のムニエル
第3回目レッスン　白菜のミルク餡かけ
第4回目レッスン　マカロニ＆チーズ（これは娘のリクエストで）
第5回目レッスン　赤パプリカペーストのチキンサンドイッチ
第6回目レッスン　親子どんぶり　おさらい

第6回目のレッスンの親子どんぶりは
大分前に娘に教えたのですが今日はおさらい。
料理嫌いな娘がよく作るそうですから、
どんなに簡単かお分かりでしょう。
とっても簡単だけどおいしい、
親子どんぶり、紹介しますね！

oyako donburi
親子どんぶり

材料：2人分
煮汁の材料
    出汁醤油　大さじ2
    （キッコーマン社の「めんみ」使用）
    みりん　大さじ2
    砂糖　大さじ1
    水　大さじ3
サラダオイル　少々
チキン（鶏もも肉)150g
ねぎ　4本　（80g程度）
卵3個

作り方
❶　煮汁の材料を混ぜ合わせる。チキンを一口大に切る。ねぎは4〜5cmの長さに切る。
❷　蓋付きの中くらいのお鍋にサラダオイルを熱して、チキンをさっと炒め、すぐにねぎをのせて、②の煮汁をかけて蓋をする。
❸　ねぎとチキンが煮えたら、溶き卵を流し入れて蓋をする。卵がお好み固さに煮えたら出来上がり。蓋をしたら火が通るのが早いので、煮すぎないように気をつけてくださいね。

ばあさんのパン作り

パン作りあれこれ

我が家はパンを買う事がありません。
家で焼いたパンが特別美味しいからと言うわけでもなく、
10年も焼いていると（本当はもっと前からだけど暫く停止していた）
ただ惰性で焼いています（笑）。
自分で焼く習慣がつくと、パンを買う事に抵抗が出てきて、
全く無意味な抵抗だと分かっちゃいるのですが、
どんなに時間が無い時でもどうにかして焼いています。

日本人がご飯を電気釜で炊くのが当然で、
余程時間がない時でない限りお弁当屋さんのご飯なんて買わないのと同じ様な気持ちで
しょうか。

　一日のパンの消費具合は
（１）　朝食にじいさんと私がオートミールと一緒に合わせて４切れのパンを食べる。
（２）　おやつに私がトーストを１切れ食べる（最近お菓子を作らないから）。
（３）　昼食にサンドイッチを作る事が多い。ここでまた２人で４切れ食べる
（４）　夕食にもサンドイッチを作る事が多い（笑）。
　　　　トンカツ、魚のフライ、豆腐バーガー等を作った時は、
　　　　じいさんにご飯にするか、パンに挟むか選択肢を出す。
　　　　パンにする時は、またここで４切れ。
　　　　パスタ類の時も、ガーリックブレッドを作ったりする。
（５）　じいさんも私も寝る２時間前にクラッカーとトーストをお夜食にする。
ここでまた３切れくらい。

こうして改めて数えてみると一日に何と！ 16切れも消費しています！！
薄切りですけど。

てな具合で、１回500～600gの粉で焼くと早い時は２日しか持ちません。
って事は最低３日に一度は焼いています。
これに子供達が遊びにくると、食パンや菓子パンを作って持たせますから、
こんな日は朝から、玄関の外までパン屋さんの香りです。

一度で8種類のアメリカンベーグル

コロラド州に住む義姉が小学生の頃ニューヨークの祖父を訪ねた時、
初めてニューヨークベーグルを食べたそうです。
頭から「ドーナツ」と思い込んでいた義姉は、
一口食べて「こんな不味いドーナツは初めて！」と言って吐き出したそうな。
そんな義姉も今は大のベーグルファン。我が家も。

bagels
アメリカンベーグル

まずはプレーン生地を作りましょう。
そこからいろいろなアレンジが楽しめます。

材料：
8個分の場合
強力粉　500g
水　265cc
インスタントドライイースト　小さじ2
砂糖　大さじ3
塩　小さじ1¼
バター　大さじ1
5個分の場合
強力粉　300g
水　160cc
インスタントドライイースト　小さじ1⅕
砂糖　大さじ2
塩　小さじ¾
バター　大さじ½
卵白　1個
トッピング：1個あたりの分量
玉ねぎ風味：玉ねぎ　30g　みじん切りを炒める
にんにく＆韮風味：にんにく（薄切り）　1片、
韮（みじん切り）　大さじ2を炒める
バジル風味：バジルソース（作り方→P32）　小さじ1
セミドライトマト風味：セミドライトマト
（作り方→P34）　2～3切れ（小さく切っておく）
胡麻風味：胡麻　小さじ1
チーズ風味：パルメザンチーズ　大さじ1
シナモンシュガー：グラニュー糖　小さじ½、シナモンパウ
ダー　小さじ⅛
プレーン：何も加えない

作り方
❶　手ごねの場合：全て材料（フレーバーの材料は含まない）
を合わせたら強力粉（分量外）を振った台の上に出して20分しっ
かりとこねる。サラダオイルをぬった大きめボウルに入れ
てぬれ布巾をかぶせて28℃くらいで30分1次発酵させる。
ホームベーカリーを使う場合：第1次発酵は30分で取り出す。
❷　第1次発酵が終わったら、生地を8等分する（300gの時
は5等分）。1つの生地をめん棒で10×26cmくらいの長方形に
伸ばす。ここで空気をしっかり抜く。生地を伸ばす間、ほか
の生地が乾燥しないようラップをかけておく。
❸　片端（26cm側）を1cmと、10cm側の片端を3cmだけ残し
て、生地にトッピングの半量を均等に広げる。トッピングを
のせた方を手前にして巻く。
❹　棒状になる。トッピングをのせていない片方の端、4cm
の生地を開いて薄く広げ、反対側の端に被せて輪にし、しっ
かりと閉じる。
※トッピングを入れたらどれに何を入れたか覚えておきましょ
う。
❺　天板の上に間隔をあけて並べる。ラップをかけて30℃で
12分の第2次発酵をする。気温が低い時はちょっと長めに。
※発酵しすぎるとベーグル特有のきめの細かい焼き上がりに
ならないので12分になる頃には、前もって鍋にお湯を沸騰さ
せておきましょう。
❻　12分たったら、火力を落としてお湯に入れる。45秒ゆで
たら、裏返して、反対側をさらに45秒ゆでる。
❼　卵白を溶いて刷毛でぬり、上にトッピングの残りをつけ
る。チーズのトッピングの場合は卵白をぬる必要はない。
❽　サラダオイルをぬって強力粉（分量外）を振った天板に並
べて200℃（400℉）に予熱したオーブンで約10分焼き、ファン
がついていないオーブンなら前後反対にしてさらに10分、合
計20～25分焼く。
※焦げそうになったらアルミ箔を被せましょう。市販のオイ
ル漬けドライトマトは焦げやすいので手前の方に置いて焼く
と良いです。

m e m o
一度にオーブンに入らない場合は、
300gの分量をおすすめします。好
きなフレーバーで作ってください。
もちろんプレーンで食べても美味
しいですよ。

畑のかぼちゃでかぼちゃパン

食べたかぼちゃの種を植えたら芽が出て
立派なかぼちゃが沢山できたのはいいのですが、
我が家のじいさん、かぼちゃは煮てもだめ、
マヨネーズサラダにしてもだめ、
かぼちゃコロッケもだめ、
グラタンにしてもだめでした。
それではこれしかないと思って今日はかぼちゃでこれを作ったら、
「かぼちゃでこんな美味しいものができるなんて知らなかった」ですと。

pumpkin bread
かぼちゃパン

トーストしてバターをぬって食べます。
トーストせずにそのままでも美味しいです

材料：1.5斤
かぼちゃ　生で皮種込みの重さ300g
卵　1個
水　（卵と水の合計が120g）
砂糖　70g
塩　小さじ1
Ⓐ　強力粉　400g
　　シナモン　小さじ1
　　インスタントドライイースト　小さじ2½
くるみ　60g（軽くローストして粗く切る）
レーズン　80〜100g
ドライクランベリー　60g
オートミール　少々
（生地の外側につけて焼くと焦げを防ぎますがなくても大丈夫
です）

m e m o
糖分が多いので焦げやすいパンで
す。型に接触する面に（生地に）オ
ートミールをつけておくと、型と
接触するところが焦げにくくなり
ます。

作り方
❶　かぼちゃを大きく切る。種を除いて、皮付きのまま、耐
熱のボウルに入れて、ラップをかぶせて、電子レンジでやわ
らかくなるまで加熱する。　ボウルに溜まった水分は捨てる。
皮をむき、すじをスプーンで除く。この時の重さが220〜
210g。マッシャーで潰す。
❷　砂糖、塩を加えて、さらに潰す。卵＋水で120ccになる
ように量って、かぼちゃに加えてよく混ぜる。
❸　別のボウルにⒶを合わせて混ぜる。
❹　③にかぼちゃを加えて、握りつぶすようにして、混ぜ込
む。普通のパンの生地より少しやわらかめがよい。大体まと
まったら、強力粉（分量外）を振った打ち台に取り出して、手
でしっかりこねながらまとめる。生地が硬過ぎる時は少し水
を加える。こねていていつまでも手に生地がつき、水っぽい
ようであれば、粉を少々加える。
※硬いよりはゆるい方が良いです。
❺　生地をこねて発酵させる。
手ごねの場合：手で約15分、生地がなめらかになるまでこね
る。最後にくるみ、レーズン、クランベリーを加え、こねな
がら、生地に混ぜ込んでいく。さらに5分こねる。サラダオ
イルをぬったボウルに入れて、ラップを被せて、28〜30℃で
2倍に膨らむまで約45分、1次発酵させる。生地のガスを抜
いて、生地を丸め直して、ラップをかけ、約30分2次発酵さ
せる。
ホームベーカリーを使う場合：生地サイクルでこねる。こね
終わる5分前にくるみ、レーズン、クランベリーをホームベ
ーカリーに入れる。
※最初から入れると、レーズンも、クランベリーも形がなく
なってしまいます。第1次発酵までHBで終わらせます。普通
の食パンより膨らみが少ないですが、そのまま分割に進みま
しょう。
❻　強力粉（分量外）を振った打ち台に生地を取り出して、3
つに分割する。サラダオイルをぬったラップを被せて、15分
ほど置く（ベンチタイム）。
❼　手で押さえて、ガスを抜き、渦巻き状に巻く。渦巻きの
面を外に向けて型に並べる。濡れ布巾を被せて、30度前後で
1時間〜1時間半最終発酵させる。完全に2倍にならなくて
も良い。
※温度が低いと発酵に時間がかかります。
❽　アルミ箔を軽く被せて200℃（400°F）に予熱したオーブン
に入れて約35分焼く。最後の5分間はアルミ箔を除いてちょ
うどよい焦げ目をつける。合計の焼き時間は35分。焼けたら
すぐに型から取り出して粗熱を取る。

塩の力

よく隠し味にちょこっとお砂糖を入れます。
このほんの少しのお砂糖でとても美味しくなることが多いです。
例えば餃子の餡にちょっと入れたりとか、
チャーハンの具にちょこっと入れるとか。
逆に甘いものにはお塩が隠し味になります。
特に小豆餡子。
ダイエットの為にと思ってお砂糖だけ減らしたら間抜けな餡子になります。
お塩を少し増やすと少しの甘さが引き立って、
お砂糖が減ったなんて感じないくらいに美味しくなりますね。

今日は大好きなスティッキーバン(Sticky Buns)を作りました。
英語でスティッキーは「べたべたした」という意味ですが、
このレシピは砂糖を少なくしてあるのでそれほどスティッキーにはなりません。

何度も失敗してやっと成功！
アメリカのレシピはクロワッサンの生地か、ブリオッシュの生地を使うのですが、
クロワッサンもブリオッシュも恐ろしいほどのバターの量で、とても怖くて作れない。
少しずつバターを減らして、砂糖を減らして、
やっとちょっとヘルシーで且つスティッキーバンらしくなりました。
自分でもびっくりするくらいにトッピングが上手にできて美味しかったのですが、

何と！！　パンにお塩を入れるのを忘れてしもうた〜！

たったの小さじ½のお塩が入っていないだけで、
こんなに間抜けな味になるとは！！　とほほほ…。
仕方がないのでお塩を振って食べました。
それでも大変美味しかったです！！　是非是非試してみてください。
でもお塩は必須です！！　当然か！

sticky buns
スティッキーバン

朝のコーヒーブレークに
ぴったりの菓子パンです。

材料：9個分
強力粉　200g
砂糖　20g
塩　小さじ½
インスタントドライイースト　小さじ1+¼
水　80g
卵　1個(50g)
バター　50g
シナモンシュガー
　　グラニュー糖　25g
　　シナモン　小さじ1
トッピング
　　バター　25g
　　ブラウンシュガー　30g
　　くるみ　50g

下準備
● くるみは軽くローストして、粗く砕いておく。
● 20x20cmの型にベーキングペーパーを敷く。カラメルが底になるのでベーキングペーパーを敷くことは大切。

作り方
❶　手ごねの場合：バターを除くパン生地の材料をすべて合わせて打ち粉(分量外)を振った台の上で10分ほどこねる。10分こねたらバターの半量を加える。バターを生地の中に押し込むようにこねる。最初はバターがなじまず、べたべたしているが、段々まとまってくる。残りを加えてからさらに7分くらいしっかりとこねる。最後は生地が台に残らないくらいにまとまってくる。
ホームベーカリーを使う場合：バターを除くパン生地の材料をHBに入れてこね時間の後半にバターを加える（例えば20分こねの設定の場合、最後の10分にバターを入れる）。そのまま生地作り設定で1次発酵まで終わらせる。
❷　生地をボウルに入れてラップを被せて28℃で約45分1次発酵させる。
❸　ガスを抜いて丸め直してさらに25分、2次発酵。発酵温度が低い時はもっと時間がかかる。発酵終了時は約2倍に膨らんでいる。
❹　発酵している間にシナモンとグラニュー糖を混ぜてシナモンシュガーを作る。
❺　小さな器にバターとブラウンシュガーをよく混ぜて、くるみを加えてトッピングを作る。
❻　打ち台にサラダオイル(分量外)を軽くぬる。そこに生地を取り出して、サラダオイル(分量外)をぬっためん棒で25×30cmの長方形に伸ばす。上から❹を振りかける。30cmの側を手前にして空気を入れないように巻く。9等分に分割する。
❼　ベーキングペーパーを敷いた型の底に用意したトッピングをできるだけ小さく均等に散らす。その上に分割した生地を渦を上にして並べる。28℃で約30分最終発酵させる。180℃(350℉)に予熱したオーブンで20分焼き、165℃(325℉)に落としてさらに5〜10分焼く。焼きあがったら熱いうちにお皿の上に逆さに出す。

ばあさんの日記より

家族

2006年の夏、息子が結婚をしました。
結婚式の日、
早めに披露宴の会場に入ると、
係の方から2枚の白いカードと
ペンを渡されました。
そして、亡くなった私の両親の名前を
書いてくださいと言われました。
一瞬、スピーチで必要なのかと思ったら、
驚いた事に、両親のテーブルが
用意されていたのです。
まるでこれから私の両親が
現れるかのように、
綺麗なテーブルクロス、ワイングラス、
全てが皆と同じように
テーブルセッティングしてありました。
そのテーブルには4つの椅子が
用意してありました。
私の両親、そしてあとの二つは？
反対側の招待客の名前を見ると、
あとの2人は嫁の亡くなった
祖父母のお名前でした。
この席で2人の祖父母達が
孫達を祝福できるように、
テーブルを用意してくださったのです。
私は亡き両親の名前を書きながら
涙が止まりませんでした。
それは嫁のGGと
ご両親の心遣いによるものでした。
私はGGはもちろん、
こういう風に育てた
GGのご両親が大好きです。

ヘルシーに…と試行錯誤
ばあさん風デニッシュ

デニッシュを作ってみたいけど面倒っていう方にぴったりです。
それに普通のデニッシュより粉に対するバターの量が
かなり少ないのでちょっとヘルシー。
デニッシュもどきなので、ばあさん風デニッシュとでも名付けましょうか。
この生地さえ出来ればフルーツパンにシナモンロール、
いろいろな菓子パンに応用できますよ。
まずはフルーツのシロップ煮とカスタードのフルーツデニッシュからどうぞ。
お好みのフルーツのシロップ煮で作ってみてくださいね。

Danish
フルーツデニッシュ

色々なアレンジのきく
デニッシュ風生地で作るフルーツパンです。

材料：8個分
生地
　強力粉　250g
　砂糖　25g
　塩　小さじ²⁄₃
　インスタントドライイースト　小さじ1¼
　卵　1個＋水（合わせて160cc）
　バター　50g
フィリング
　カスタードクリーム　適量（作り方→P32）
　フルーツのシロップ煮（作り方→P82）
　リンゴ、キウイ、パイナップル、
　イチゴなど
　卵白　1個
　ザラメ　少々

下準備
●20×20cmのラップを1枚、ベーキングペーパーを10×10cm
に切ったものを8枚用意する。

作り方
❶　手ごねの場合：バターを除く生地の材料を合わせて強力
粉（分量外）を振った台の上で10分こねる。生地がやわらか
過ぎる場合は粉少々加える。
10分こねたらバターを2回に分けて加える。バターを生地の
中に押し込むようにこねる。最初はバターで生地がべたべた
しているが、だんだんまとまってくる。そのまま7分くらい
しっかりとこねる。最後は生地が台に残らないくらいにまと
まってくる。
ボウルに入れてラップをかぶせて28℃で45分1次発酵させる。
ガスを抜いて丸めなおしてさらに25分2次発酵。発酵温度が
低い時はもっと時間がかかる。発酵終了時は容量が約2倍に膨
らんでいる。
ホームベーカリーを使う場合：バターを除く生地の材料をホー
ムベーカリーに入れて、こね時間の後半にバターを加える
（例えば20分こね設定の場合、最後の10分にバターを入れる）。
そのまま生地作り設定で1次発酵まで終わらせる。
❷　発酵が終わったら生地を8等分する。大体、四角の形に成
形し、手で押さえてラップをして15分休ませる（ベンチタイム）。
※ここまで発酵が終わった生地は冷凍バッグに密閉して冷蔵
庫で24時間寝かせても大丈夫です。
❸　1つの生地を10×10cmに切ったベーキングペーパーの上
に置いて、ラップをかぶせる。ラップの上から手のひらで生
地全体を平たくする。　親指を生地の中心に置きベーキング

ペーパーの角に向けて生地を伸ばして、ベーキングペーパー
よりやや大きめの四角に伸ばす。ここでめん棒を使って均等
の厚さにする。伸ばし終わった大きさは13×13cmくらい。
❹　4辺の端から1～1.5cmをスケッパーで切り落として生地
の端にのせる。ベーキングペーパーのまま天板に移動させ乾
燥しないようにラップを被せ、28℃で30分くらい最終発酵さ
せる。冷蔵庫から出した生地なら1時間以上かかる（25℃の室
温の場合）。生地は2倍まで膨れていなくてもよい。
❺　四角の中にカスタードをのせて、その上にフルーツの
シロップ煮（作り方→P82）を置く。刷毛で卵白を生地にぬり、
上からザラメを振りかけて、190℃（375°F）に予熱したオー
ブンで18分焼く。
※オーブントースターのように小さいオーブンを使う場合は
これよりも早く焼けたり、焦げたりするので10分後から焼け
具合をチェックしましょう！　焦げそうな時は上からアルミ
箔を被せたり、少し温度を下げると良いですよ。

ｍｅｍｏ
1次発酵が終わった生地は冷蔵庫で
24時間は保存できますから、一度に
焼けない時はオーブンに入る分だけ
作ると良いでしょう。

custard cream
カスタードクリーム

材料：フルーツデニッシュ8個分
牛乳　150cc
生クリーム　150cc
コーンスターチ　大さじ2＋小さじ1
砂糖　大さじ3
卵黄　2個（1個分の卵白は生地にぬるのにとっておく）
バニラエッセンス　小さじ½

作り方
❶　小さな鍋にコーンスターチと砂糖を入れて泡立て器でよく混ぜてる。そこに少しずつ牛乳と生クリームを加えて混ぜる。
❷　小麦粉の固まりが見えなくなったら泡立て器で常にかき混ぜながら弱火でゆっくり沸騰させる。
❸　火からおろして溶いた卵黄を泡立て器で混ぜながら少しずつ加える。再び火に戻して弱火で卵黄に火が通るまで加熱する。火からおろして最後にバニラエッセンスを加える。

cooked apple
リンゴのシロップ煮

材料：フルーツデニッシュ8個分
リンゴ　½個
砂糖　リンゴの重さの⅓量
バター　少々

作り方
❶　リンゴは皮をむいて1.5cm厚さの輪切りにする。芯を切り抜いて扇形に切る。
❷　小さな鍋にリンゴを入れて砂糖を振りかけ、蓋をして15分ほど置く。
❸　バターを加えて蓋をしたまま弱火で10分煮る。10分後に蓋を取って水分がシロップ状になるまでゆっくり煮詰める。

cooked kiwi
キウイのシロップ煮

材料：8個分
キウイ　2個
砂糖　キウイの重さの⅓量
バター　少々

作り方
❶　キウイは皮をむいて1.5cm厚さの輪切りにする。8切れ必要。
❷　小さな鍋にキウイを入れて砂糖を振りかけ、蓋をして15分ほど置く。
❸　バターを加えて蓋をしたまま弱火で10分煮る。10分後に蓋を取って弱火で水分がシロップ状になるまでゆっくり煮詰める。

cooked pineapple
パイナップルのシロップ煮

材料：8個分
パイナップル（長さ4〜5cm、厚さ1.5cm）　8切れ
砂糖　パイナップルの重さの⅓量
バター　少々

パイナップルを切った後は、キウイと同じ。

cooked strawberries
イチゴのシロップ煮

材料：8個分
イチゴ　大8個
砂糖　イチゴの重さ⅓量
バター　少々

キウイのシロップ煮の②以降と同じ。

cinnamon rolls
シナボン風シナモンロール

シナボンはアメリカで大人気のシナモンロールの
商品名です。これはあのシナボンよりも美味しいかも。

材料：8個分
生地
　 P81のデニッシュ生地と同様
シナモンシュガー
　 グラニュー糖　20g
　 シナモンパウダー　小さじ1/2
グレーズ
　 クリームチーズ　40g　室温でやわらかくしておく
　 バター　10g
　 粉砂糖　20g
　 バニラエッセンス　小さじ1/4
　 塩　ひとつまみ

下準備
●バターを室温でやわらかくする。

作り方
❶　P81のデニッシュ生地と同じ要領で手順①（2次発酵）ま
で生地を作る。
❷　発酵している間にシナモンとグラニュー糖を混ぜてシナ
モンシュガーを作る。
ボウルにグレーズの材料を合わせて泡立て器でクリームチー
ズの固まりが見えなくなるまでよく混ぜる。
❸　平らな台の上などにサラダオイル（分量外）を少しぬる。
そこに生地を取り出して手で長方形に生地を伸ばす。ラップ
をかけて10分程休ませる（ベンチタイム）。
❹　ラップの上からめん棒で25×28cmくらいの長方形に伸ば
し、上からシナモンシュガーを振りかける。28cm側を手前に
して空気を入れないように巻く。8等分に分割する。
❺　ベーキングペーパーを敷いた天板に3.5cmくらいの間隔を
あけて渦を上にして生地を並べる。ラップをかけて、28℃で
約30分最終発酵させる。
❻　190℃（375℉）に予熱したオーブンで20分焼く。取り出し
て熱いうちに②のグレーズをかける。

orange glazed rolls
オレンジグレーズロール

オレンジの香りが口の中一杯に広がります。
朝のコーヒーブレークにおすすめです。

材料：8個分
生地
　 P82のデニッシュ生地と同様
シナモンシュガー
　 シナモンパウダー　小さじ1/2
　 グラニュー糖　15g
　 アーモンド　25g
グレーズ
　 オレンジの皮（すりおろし）　1個分
　 （小さじ1くらい）
　 オレンジの搾り汁　小さじ1
　 （硬さをみながら調整）
　 溶かしバター　10g
　 粉砂糖　45g

下準備
●アーモンドは軽くローストして、小さく砕いておく。
●20×20cmの型の底にベーキングペーパーを敷く

作り方
❶　P81のデニッシュ生地と同じ容量で手順③（第2次発酵）
まで生地を作る。
❷　発酵している間にシナモンとグラニュー糖を混ぜてシナ
モンシュガーを作る。
❸　小さなボウルにオレンジの皮、オレンジの搾り汁、粉砂
糖、溶かしバターを入れて混ぜ、シロップ状にする。硬めの
方が良い。
❹　平らな台などにサラダオイル（分量外）を少し塗る。そこ
に生地を取り出して手で長方形に生地を伸ばす。ラップをか
けて10分ほど休ませる（ベンチタイム）。
❺　ラップの上からめん棒で25×28cmくらいの長方形に伸ば
し、上からシナモンシュガーとアーモンドを振りかける。28
cm側を手前にして空気を入れないように巻く。8等分に分割
する。
❻　型に間隔をあけて、渦を上にして分割した生地を並べる。
28℃で約30分最終発酵させて、190℃（375℉）に予熱したオー
ブンで20分焼く。取り出して熱いうちに③のオレンジグレー
ズをかける。

m e m o
オレンジの皮は皮の白い部分を
入れると苦くなるので色のつい
た部分だけを使いましょう。

我が家の定番、くるみパン

パンの練習もお金がかかるものです。
不味いパンはお友達に差し上げるわけにもいかず、捨ててしまうのは罰が当たりそうで、
結局はじいさんと食べるわけです。ここまでならお金がかかる事もないのですが、
最近天然酵母のバゲットの練習の為に続けて作っているパンは石のように硬く、
こんなかっちんこっちんのパンを毎日食べていたら
数年前に根の治療をした前歯が痛くなって、これはやばいと！
４本をくっつけたブリッジなので慌てて歯医者さんに飛んで行ったら、
レントゲンではＯＫ。「硬い物を噛んだり、噛み合わせが強すぎると痛くなる事がある」
なんて言われてしまいました。
パンの練習にはちゃんと歯医者さんの医療費も予算に入れておきましょう。
でもこのくるみパンは大丈夫です。どなたが作ってもふわふわのくるみ食パン、間違いなし。
我が家で一番頻繁に作る安全な食パンで、サンドイッチにもとても美味しいです。

walnut bread
くるみパン

我が家の定番のパンです。
朝食やサンドイッチ作りに重宝してます。

材料：1.5斤分、または小さな丸パン8個分
強力粉　365g
全粒粉　85g
ぬるま湯　290cc
塩　小さじ1½
スキムミルク　大さじ2
砂糖　20g
インスタントドライイースト　小さじ2⅓
バター　20g
くるみ　90g

下準備
●くるみは軽くローストしてから小さく刻む。

作り方
① ボウルにくるみとバター以外の材料を合わせて大体まとまるまで混ぜる。強力粉（分量外）を振った台に生地を取り出して、10分こねる。バターを加えて練り込んで、さらに5分こねる。くるみを加えて7分生地に混ざるまでこねる。
② 薄くサラダオイルをぬったボウルに生地を丸くまとめて入れる。上からラップを被せて、30℃で45分1次発酵させる。生地を手で押してガスを抜き、丸めなおして、さらに25分2次発酵させる。
③ 生地を出して、3つに分割。ラップを被せて10分生地を休ませる（ベンチタイム）。分割した生地それぞれをめん棒で楕円形に伸ばして端から巻いてしっかり端を閉じる。型に3つを並べる。ラップを被せて30℃で生地が約2倍くらいになるまで、4C分ほど最終発酵させる。
④ 丸いパンにしたい時：8つに生地を分割してめん棒で長めの楕円形に伸ばし、端から巻いてしっかり閉じる。強力粉（分量外）を振った台に転がして粉をつけ、ラップで覆って25〜30℃で30〜45分最終発酵をする。丸いパンの場合は焼く直前にクープを入れてオリーブオイルをクープを入れた部分にぬり、200℃（400°F）に予熱したオーブンで15〜20分ほど焼く。
食パンの場合：200℃（400°F）に予熱したオーブンで15分焼き、190℃（375°F）に下げてさらに15〜20分焼く。
焼けたら型からすぐに出して、網の上で冷ます。

ｍｅｍｏ
くるみ以外、ベーゼルナッツ、ピーナッツなどお好みのナッツを入れても美味しいです。

娘の婚約

娘が大学を卒業して勤めた会社は毎晩夜10時、11時という残業が続いていました。
最初は無料の夕食が社内食堂で出ていたのですが、シリコンバレーのバブルがはじけて、会社の財政が厳しくなると、残業はあっても夕食は出なくなったので、私が夕食を作りに娘のアパートに行ったものでした。
もう数年前のお話です。

遅い夕食が終わって、テレビを見ながらソファーに寝転がってお喋りをしていたら、娘が自分のいるビルから斜め横のビルに笑顔がとても温かい感じがする優しそうな男性がいて、とても気になっていると言い出しました。
分かっているのは名前だけ。
自分のしている仕事とは直接関係がないので話す機会もないと言います。
年齢も、いつから会社に勤めているのかも分からないけど、数年いる人達のグループとランチに行くので自分より4歳くらい上らしいとか。

その後私が何回かアパートに行くうちに、娘はKさんの事が段々分かってきたようでした。
そのKさんは仕事の後、会社のジムに行って1時間運動をして帰るらしい。それからすぐ娘もジムに行くようになったのは言うまでもありません。
それから初めてランチに誘われて、デートをするようになって2年後には一緒に住むようになって5年経ちました。
2泊3日の小旅行に出かけた先で、朝、娘から嬉しそうな声で電話がかかってきました。
Kさんからプロポーズされたとの事。
実は何も知らなかったのは娘だけ。
先週Kさんは私たちから結婚の許可を取ってこのプロポーズ小旅行を密かに計画していたのです。
欠点ばかりの愚娘、Kさんを幸せにしてあげて、良い家庭を築いてくれますようにと、今日は亡き両親のお墓に報告して来ました。

パンを楽しむ万能ディップ

こう言っちゃなんですが、ご近所のアメリカ人のパーティーに行くと
日本人のパーティーのように色々なご馳走がありません。
アメリカ人のパーティーは喋るのが目的だからでしょう。
その中で必ず出ているのがディップ。これだけは本当に種類が豊富です。
そういえばモンタナ州でホームステイをしていた時のホストのご夫婦、
週末の昼食には必ずディップとクラッカー、キャンベルのスープでした。
我が家ではマヨネーズの代わりにサンドイッチに塗りますが、
こうすると、たかがサンドイッチではありませんよ。

hummus
ハマス（ひよこ豆のディップ）

菜食主義者だけでなく国籍にかかわらず
皆から親しまれている人気の食べ物です。

材料：2カップ分
Ⓐ ゆでたひよこ豆（または水煮缶）350g
　 ひよこ豆のゆで汁（または缶詰の汁）80〜100cc
　 タヒニ　大さじ2　（白胡麻ペースト小さじ2でも可）
　 にんにく　1片
　 ライム汁、またはレモンの搾り汁　½個分
　 ライム、またはレモンの皮（すりおろし）少々
　 クミン（粉末）小さじ¼
　 コリアンダー（粉末）小さじ⅛
　 胡椒　少々
　 塩　小さじ ½弱
　 砂糖　小さじ ½
　 エキストラバージンオリーブオイル　大さじ1〜2（なく
　 ても可）
粉末パプリカ　少々
パセリ（みじん切り）少々

作り方
❶ Ⓐの材料を全てフードプロセッサー、またはミキサーに
入れてなめらかなペースト状になるまで攪拌する。
お皿に盛って上に粉パプリカ、パセリのみじん切りを飾る。

spinach dip
ほうれん草ディップ

フランスパンで
サンドイッチにしても美味しいです。

材料：
ほうれん草　150g
クリームチーズ　100g
サワークリーム　50g（作り方→P105）
くわいの水煮　75g（水を切って粗く切る。なくても可）
にんにく（すりおろし）1片分
マヨネーズ　大さじ2
塩　小さじ¼（味をみて加減）
黒胡椒　少々
レモンの皮（すりおろし）少々

作り方
❶ ほうれん草を湯がいて、しっかり水を絞り、粗みじん切
りにして再び絞って水気を切る。
❷ ボウルに室温に戻してやわらかくしたクリームチーズ、
サワークリームを入れてクリーム状になるまでへらなどでよ
く混ぜる。
❸ ①のほうれん草と残りの材料すべてを②に加えてよく混
ぜて出来上がり。低カロリーにしたい時はサワークリームの
代わりにヨーグルトを入れても良い。

red bell pepper paste
赤パプリカペースト

チキンやグリルした
野菜サンドイッチにとてもよく合います。

材料：
赤パプリカ　1〜2個（約230g）
玉ねぎ　1/4個（100g）
にんにく（すりおろし）　1 1/2片分
塩　小さじ1/3（味をみて加減）
エキストラバージンオリーブオイル　小さじ2
黒胡椒　少々
サラダオイル　適量

作り方
❶　赤パプリカを縦に4〜5つに切る。平たい表の面を上にして黒く焦げ目がつくまで魚焼きロースターやオーブントースターで焼く。焦げたら全部紙袋に入れて5分間密閉し、その後、皮をむく。
❷　フライパンにサラダオイルを入れて熱し、玉ねぎとすりおろしたにんにくの1片分を炒め、①のパプリカ、塩、エキストラバージンオリーブオイルと一緒にフードプロセッサーで撹拌してソース状にする。最後に黒胡椒と残りの生にんにく、を加えて味を調える。

fava bean dip
そら豆のディップ

バゲット、クラッカー、サンドイッチで
楽しめるディップです。

材料：1カップ分
サヤから取り出した生のそら豆　230g
にんにく　1片
クラッカー　30g（またはパン粉20g）
豆のゆで汁　大さじ2〜3
エキストラバージンオリーブオイル　大さじ2
塩　適量
黒胡椒　適量

作り方
❶　鍋に水とひとつまみの塩を入れてお湯を沸騰させ、にんにくとそら豆を加えて豆がやわらかくなるまでゆでる。ゆで汁の大さじ2をとっておく。豆の皮をむいて中身を出す。
❷　ボウルにクラッカーを入れ、上からゆで汁をかけて湿らせる。
❸　フードプロセッサーに①と②、エキストラバージンオリーブオイルを入れてペースト状に撹拌する。最後に塩、黒胡椒で味を調える。

eggplant paste
ナスのペースト

いつものナスが違う味わいに。
マヨネーズの代わりにサンドイッチに塗ります。

材料：約1カップ分
ナス　1本
玉ねぎ　1/4個
にんにく（すりおろし）　1 1/2片分
サラダオイル　適量
塩　小さじ1/2（味をみて加減）
エキストラバージンオリーブオイル　小さじ1
黒胡椒　少々

作り方
❶　ナスはヘタを取り、縦半分に切り、焼きナスを焼くようにグリルする。中までしっかり火が通ったら、冷水に浸けて皮をむいてさらに4つくらいに切る。
❷　フライパンにサラダオイルを入れて熱し、玉ねぎとにんにく1片分を炒めて、①、塩、エキストラバージンオリーブオイルと一緒にフードプロセッサーに入れてペースト状にする。最後に黒胡椒と残りの生のにんにく、塩を加えて味を調える。

ばあさんの作る
アメリカのお菓子

お菓子作りとの出会い

手作りお菓子との出会いは、高校生の時、
アメリカ合衆国、モンタナ州の小さな田舎町に1年間ホームスティした時のことです。
日本が太平洋戦争後の復興からまだ20年も経っていない1960年代のお話です。
セブンアップも飲んだことがなく、
ハンバーガーも食べたことがなかったのですから、
モンタナ州の田舎といえど、見る物全てがカルチャーショックでした。
ホストファミリーの家の大きな冷蔵庫、
皿洗い機も全て目を見張るものばかりでした。
日本の一般家庭にはオーブンでさえ普及していない時代です。

広い台所には大きなオーブンがあり、
ホストファミリーのお母さんは
家族のお誕生日や祝日には必ずケーキを焼いていました。
教会の持ち寄りパーティーでも手作りのケーキがあり、
学校のお友達も放課後いとも簡単にケーキを焼いていました。
その種類ときたら、イチゴ風味であったり、バナナ風味、チョコレート風味もあれば、
ホワイトケーキからイエローケーキまで、
ケーキ屋さんの種類にも劣らないくらいでした。
こんなに簡単に美味しいケーキが家で焼けるなんて！　アメリカ人って凄い！　と
感激しました。

ところが、ホストファミリーのお母さんやお友達が焼いているケーキとは
全部ケーキミックスだったのです。
デコレーションのフロスティングはこれも全部缶詰。
誰でも簡単にできるはずです。

約1年のホームスティを終えていよいよ日本に帰る前日、
スーツケースの中にアメリカのケーキミックスと
缶詰のフロスティングを一杯詰め込んだのでした。
そういう訳で私の初めての手作りお菓子とは
アメリカのケーキミックスで始まったのでした。

ヘルシーなパイ生地

日本でパイ皮といえば、バターたっぷりの折りパイですね。
ところがアメリカのパイ皮は誰でも簡単に作れるショートニングを
粉に入れ込んで水でつなぐ簡単パイです。
何しろアメリカ人がフツ〜に作れるパイ皮なのですから簡単なのです。
でもショートニングは硬化油なので、ばあさんは一切使いませんよ。
そして遂にやりました！！
超ヘルシー低カロリーの、しかも大変に美味しいパイの皮ができました！！
ヘルシー、バターが少ない＝味が落ちるイメージですけど、
そんなことはありませんよ。粉に対して油脂が何と！たったの47％で作れるパイ。
しかも凄く美味しいのです。そして簡単！ そのパイ皮を使ってね、
今日はレモンパイを作りました。ばあさんは低カロリーで美味しいものを追求しております。
だからといって食べ過ぎちゃ〜いかんよ！

lemon pie
レモンパイ

以前はメレンゲで作っていたのですが
一度生クリームをのせたらこれがとても好評でした。

材料：直径20cmのパイ
直径20cmのパイ皮　1枚
砂糖　180g
コーンスターチ　大さじ4＋½（約32g）
塩　小さじ⅛
冷たい水　85cc
レモンの搾り汁　85cc　約2個分
卵黄　2個
熱湯　250cc
レモンの皮（すりおろし）　小さじ1
バター　大さじ1
生クリーム　150cc
砂糖　大さじ2（お好みの甘さで）
レモンの皮（すりおろし）　1個分
バニラエッセンス　小さじ½

作り方
❶　P92を参照にし、直径20cmのパイ皮を焼いておく。
❷　中くらいの鍋に砂糖、コーンスターチ、塩を入れてスプーンでよく混ぜる。そこに冷たい水とレモンの搾り汁を加える。
❸　別のボウルに卵黄を箸で溶き、②に加える。泡立て器でよく混ぜたら熱湯を加える
※卵黄を溶かないで加えると凝固して卵黄の塊が出来てしまいます。必ず溶いてから加えましょう。
❹　底にコーンスターチが固まらないように常に木べらで混ぜながら沸騰するまで火を通す。火からおろして、すりおろしたレモンの皮（小さじ1）とバターを加える。熱いうちにパイ皮に流し込み、冷蔵庫で充分に冷やす。
※カスタードが冷えてから流し込むと固まらないので注意。
❺　カスタードが充分に冷蔵庫で冷えたら、生クリームを泡立て、砂糖とすりおろしたレモンの皮（1個分）、バニラエッセンスを加えて、レモンカスタードの上に広げる。砂糖の量はお好みで。

ばあさんの日記より

ばあさんの豪華食事

今日は大満足でございます。
日本のスーパーに行って
半年振りに日本食を
沢山買い込んできました。
で、ばあさんは夕食まで待てず、
昼間からこんな大御馳走を
作っておりました。
ほらっ！

日本に住んでおられる方には、
な〜んて事ないお食事で
ございましょうが、
ばあさんにとっては
大変な御馳走なんじゃよ。
もしかしたら
男前豆腐とやらも
あるかと思ったけれど、
見つかりませんでしたわ。
で、こんな日は、
じいさんは何を食べるかというと

ピーナツバター、イチゴジャム、
バナナを挟んだサンドイッチです。
同情しちゃ〜いかんよ。
これじいさんの
大好物なんですから。

Pie crust
パイ皮

この生地さえ作れば、
いろいろなパイが作れます。

材料：直径20cmのパイ1台分
中力粉　115g　（薄力粉、強力粉半々）
塩　小さじ⅓
バター　30g
サラダオイル　25cc
水　大さじ1¾

下準備
●約35×35cmの大きさに切ったラップを2枚用意する。

作り方
❶　ボウルに粉と塩を入れてスプーンでよく混ぜる。そこに小さく切ったバターとサラダオイルを加えて、泡立て器の先で油や粉の固まりをできるだけ小さく潰す。全体がパラパラとしたおからのような状態にする。

❷　水を全体に均等にまぶす。スプーンでさっとかき混ぜると粉の固まりが出来るので、バターナイフやカードで小さく分割する。
※ここでは絶対にこねてはいけませんよ〜！

❸　大きめに切ったラップ1枚を広げて少し強力粉（分量外）を振り掛ける。そこにスプーンで水分が均等になるように生地を数カ所に落とす。生地はばらばらでまとまっていないので、大きな塊を小さくして均等に置く。

❹　もう1枚のラップにも小麦粉（分量外）を振り、上に被せ

て、手のひらで押さえて丸い厚さ3cmの円形にする。
❺　めん棒で生地の中心から外側に向けて、使用する型のサイズまで伸ばす。直径20cmのパイ皿を使用する場合は28cmくらいの円形に生地を伸ばす。下のラップをパイの形に折り曲げて生地を伸ばすと形作りやすい。

❻　ラップをはがし、生地の上にパイ皿を逆さにのせる。生地の下に手を入れて、ラップごとパイ皿の中心を軽く押さえながら生地と一緒に手早くひっくり返す。この時生地がラップから離れて落ちてしまう部分が出るので、落ちた生地は拾って元に戻す。生地の底をしっかりとパイ皿に押しつけて密着させ、上のラップを取る。

❼　パイ皿から飛び出した皮は縁を下に折り曲げて厚めにする。長すぎるところは切って、足りないところに付け足す。
※私はちょっと縁を立ててウエーブ形に成形しています。このとき縁はパイ皿に押さえつけてください。ちぎれた皮はきれいにくっつけなくても大丈夫です。

❽　焼成中パイ底が上がらないように、底にナイフで数箇所切れ目を入れる。フォークで穴を開けても良い。

❾　成形したパイ皮は冷蔵庫で約15分くらい寝かす（縮みを少なくする為）。冷蔵庫から出してすぐ200℃（400°F）に予熱したオーブンに入れて15〜17分焼く。

fresh peach pie
白桃パイ

お菓子のホームページで人気のパイです。
生の桃がそのまま楽しめるお菓子です。

材料：直径20cmのパイ1台分
直径20cmのパイ皮　1枚
白桃　450g
レモンの搾り汁　1/2個分
グレーズ
　　フルーツジュース（果汁100%がおすすめ　75cc
　　（桃、りんご、パッション等）
　　砂糖　55g
　　コーンスターチ　大さじ2（17g）
　　塩　ひとつまみ
　　水　150cc
　　バター　15g
　　バニラエッセンス　小さじ1/2
　　洋酒　小さじ1（グランマニエ、
　　　コアントコー、ブランディー等）
生クリーム　150cc　好みで
砂糖　大さじ2

作り方
❶　P92を参照してパイ皮を焼く。
❷　桃は皮をむき、縦に2cm幅に切る。レモンの搾り汁を振りかけて変色を防ぐ。焼いたパイ皮の上に放射状に並べる。
❸　グレーズを作る。小さめの鍋に砂糖、コーンスターチ、塩を混ぜて、少しずつ水を加えて混ぜる。フルーツジュースも加えて混ぜる。泡立て器でよく混ぜながら、とろみが出て、沸騰するまで中火にかける。火からおろして、バターとバニラエッセンス、洋酒を加える。桃の上に熱いグレーズを流す。
❹　冷蔵庫で2時間ほど冷やして出来上がり。好みで生クリームやアイスクリームを添える。上を生クリームで飾ると、翌日の桃の変色が隠れる。

coconut custard pie
ココナッツカスタードパイ

焼きたての熱いうちが美味しいです。
コーヒーととても良く合いますよ。

材料：直径20cmのパイ1台分
直径20cmの焼いてないパイ皮　1枚
Ⓐ　牛乳　135cc
　　ココナツミルク　200cc
　　生クリーム　100cc
　　砂糖　75g
Ⓑ　卵　2個
　　卵黄　1個
　　塩　小さじ1/5
　　バニラエッセンス　小さじ2
卵白　適量

作り方
❶　P92を参照して直径20cmの生のパイ皮を作る（焼く手前まで）。
❷　中くらいの鍋にⒶを入れる。弱火で沸騰させないようにへらで混ぜながら砂糖を溶かし、火を止める。
❸　ボウルに、Ⓑを入れて泡立て器でよく溶き、②に加え沸騰させないように70℃くらいまで加熱する。
❹　卵白をよく溶いて、刷毛でパイ皮の底や縁にぬる。210℃（410°F）に予熱したオーブンにパイの皮を入れて10分焼く。パイ皮をオーブンから取り出して、温度設定を170℃（350°F）に落とす。パイ皮に熱い③を注ぎ込み、すぐにオーブンに戻してさらに約30分焼く。ゆすってもフィリングがゆれなければ出来上がり。
※表面に色が少しついて中心が少し盛り上がっている状態が目安です。

m e m o
注ぎ込む時カスタードは熱くしておいた方が早く焼きあがります。その時は沸騰させないように注意してください。

だんだん大きくなるイチゴパイ

我が家には小さなイチゴ畑があります。
何年前になるでしょうか、小さなパックに入った6株の
確かJune Berryという名のイチゴを植えたら、どんどん増えて今は2.5㎡に広がっています。
June Berryというくらいだから6月だけしか収穫出来ないかと思ったら、
5月に食べきれないほど真っ赤な実をならせ、
その後11月雨が降り始める頃までなり続けるのです。
ところが今年は雨が少なくて、手入れも悪かったので過去最悪の収穫。
何年かぶりで市販のイチゴを買ってみましたら、
まぁまぁ〜その大きな事といったら！！　一粒が何と50gもあるのですよ。
家族のリクエストでイチゴパイを作ったのですが、こんなに大きいと戸惑ってしまう。
なぜかというと、私の今までのイチゴパイは我が家の小粒なイチゴだったので
パイ皮にざっと盛り上げて、上から用意したグレーズを流すだけ、
簡単だったのですが、一粒50gとなると18cmのパイ皮にたったの6粒の
巨大なイチゴがそびえ立っているだけで、絵にもならない有様。
娘と思案の挙句、薄く切って並べました。
皆さんはこの大きなイチゴをどのように並べているのかGoogleで「strawberry Pie 」をイメージで
検索したら1,350,000件もヒットしました。さすがアメリカ。積んだり、立たせたり飾り方が豪快！
ちなみに私のイチゴパイ、皆さん一口召し上がって唸ります。

fresh strawberry pie
イチゴパイ

イチゴが美味しい時期になると
イチゴをふんだんに使ったパイが出回ります。

材料：直径20cmのパイ1台分
直径20cmのパイ皮　1枚
イチゴ　450〜550g（多めが美味しいです）
グレーズ
　イチゴ110g分の果汁　裏ごしして90cc
　砂糖　95g
　コーンスターチ　大さじ2½（18g）
　塩　ひとつまみ
　水　200cc
　バター　5g
　バニラエッセンス　小さじ½
仕上げ
　生クリーム　150cc
　砂糖　大さじ1〜2

作り方
❶　P92を参照に直径20cmのパイ皮を焼いておく。
❷　分量のイチゴから110gだけ取り出し、裏ごししてイチゴジュースを作る。残りのイチゴは1cmの厚さで縦にスライスする。
※フードプロセッサーでピューレーにしてから裏ごしすると、グレーズが濁るのであまりおすすめ出来ません。
❸　グレーズを作る。小さめの鍋に砂糖、コーンスターチ、塩を入れて泡立て器で混ぜ、200ccの水を少しずつ加える。コーンスターチのだまがなくなるまで混ぜる。
❹　②のイチゴジュースを加える。だまができないように泡立て器でよく混ぜながら、沸騰するまで中火にかける。火を止めてバター、バニラエッセンスを加えてよく混ぜる。
❺　焼いたパイ皮の上に④のグレーズを⅓ほど流し入れ、上にスライスしたイチゴを外側から放射状に並べる。全部並べたら残りのグレーズをかけて、冷蔵庫で冷やす。
❻　好みで生クリーム150ccに対し砂糖大さじ1を入れて作ったホイップクリームを作って添える。
※上から全体をホイップクリームで飾っても良いです。

犯人はこれだった！

どうも今年は恐ろしくイチゴの具合が
悪いと思っていたのです。
雨量のせいにしていたら、
雨量だけでもなかったみたいです！

実はこの犯人、
3週間ほど前に一度目撃したのです。
でもイチゴ畑からは離れていたので
まさか〜イチゴを食べているとは。
でもよ〜く観察していると、
どうも食べているのはイチゴじゃない！

イチゴの花を食べているのですよ！！
イチゴがなるわけがなかったのですよ！
そしてダブルにショック！
今朝は2匹も一緒にいました！

犯人はピーターラビットだったのだ！

窓の私を見て逃げるウサギ。
このウサギは
コットンテールラビット
（綿の尻尾ウサギ）という
野ウサギで、北、南アメリカ大陸に
生息しているらしい。
尻尾が真っ白で綿みたいでしょう。
そうそう、あの
ビアトリクス・ポターの絵本に出てくる
ピーターラビットです。
Wikiで調べると、
昼間は木の根っこに隠れて寝て
夜植物を食べるそうな。
好物はレタス！！
去年の犯人もウサギだったのだ！
母さんウサギは浅い穴で
子供を産むので赤ちゃんが
一年生きる生存率は15%。ところが！
一年に3〜4回もお産をして、
しかも一回に3〜8匹も産むそうな！
そして大人になるのにたったの生後
2、3ヶ月でですと！！
結果恐ろしい勢いで増えるらしい。
さぁ〜地下には掘りねずみ、
地上にはウサギ、空に鳥、
これぞ！　ばあさん、四面楚歌！
どうしたもんだべ。

ダイエットマフィンを研究

ダイエットマフィン！　食べたら痩せるのかって！
そんなマフィンではないので誤解がないように。
マフィンもバターの量、砂糖の量が様々ですが、
ばあさんのマフィンは油脂とお砂糖をできるだけ減らしてあるので、
カロリーが低めということです。
お砂糖とバターの量はこれよりもっと減らしても大丈夫。
あまり甘くないマフィンを最高に美味しく食べるコツさえつかめば。
召し上がる前に電子レンジで熱々にして、ほんの少しだけバターを挟んでみてください。
この食べ方でどこまでお砂糖が減らせるか試してみると面白いですね。
アメリカの手作りマフィンは昔鹿児島でよく食べたふくれ菓子を思い出させます。

cranberry muffin
クランベリーマフィン
甘酸っぱいクランベリーが
アクセントの素朴な味です。

材料：直径7cmのマフィン6個分
Ⓐ 強力粉　70g
　　薄力粉　80g
　　塩　小さじ¼
　　グラニュー糖　70g
　　ベーキングパウダー　小さじ1⅓
　　重曹　小さじ¼
卵　1個
溶かしバター　20g
バニラエッセンス　小さじ½
Ⓑ 牛乳　60cc
　　プレーンヨーグルト　70g
　　レモンの皮（すりおろし）　少々
ドライクランベリー　100g

下準備
●マフィン型にサラダオイル（分量外）をぬって、強力粉を軽く振り、逆さにして余分な粉を落とす（マフィン共通）。

作り方
❶　ボウルにⒶを混ぜ合わせて一緒に振るっておく。
❷　別のボウルに卵を入れ、少し泡立ったくらいにハンドミキサー（泡立て器でも可）でよく混ぜる。そこに溶かしバターとバニラエッセンスを加えてまた混ぜる。Ⓑを加えて混ぜる。
❸　①の粉類をもう一度振るいながら②に加えて、へらで手短に25秒ほど混ぜる。ドライクランベリーを加えて15秒ほどで混ぜ込む。生地に粒々が残っているくらいの混ぜ方がよい。
❹　すぐマフィンカップに生地を流し入れて、200℃（400°F）に予熱したオーブンで15〜20分焼く。

blueberry muffin
ブルーベリーマフィン
冷凍ブルーベリーを使った
伝統的なマフィンをヘルシーに。

材料：直径7cmのマフィン6個分
Ⓐ 強力粉70g
　　薄力粉80g
　　塩　小さじ¼
　　グラニュー糖　70g
　　ベーキングパウダー　小さじ1⅓
　　重曹　小さじ¼
卵　1個
溶かしバター　20g
バニラエッセンス　小さじ½
Ⓑ 牛乳　60cc
　　プレーンヨーグルト　70g
　　レモンの皮（すりおろし）　少々
冷凍ブルーベリー　100g　（解凍しておく）

作り方
❶　クランベリーマフィンの③まで同じように作る。
❷　ブルーベリーを加えてさらに15秒ほど混ぜる。ブルーベリーの青と生地の色がマーブルになっている状態で混ぜ終わり。すぐにマフィン型に生地を入れて、200℃（400°F）に予熱したオーブンで15〜20分焼く。

memo
重曹は酸性のものと反応して初めて膨れる力を出します。ここではヨーグルトです。つまり、ヨーグルトと重曹が接触した時から膨れる反応が始まるので、材料を混ぜたらすぐに焼き始めることがきれいに膨らますコツです。焼き始めて12〜13分は膨れ続けるので、絶対にドアを開けないこと。オーブンの大きさによって焼き温度、時間が異なるので初めての時は、焼き具合をみながら温度を調節してください。

chocolatechip muffin
チョコレートチップマフィン
チョコレートチップマフィンはチョコレートが
溶けるくらい熱いうちに召し上がってください。

材料：直径7cmのマフィン6個分
粉類
Ⓐ 強力粉　70g
　　薄力粉　80g
　　塩　小さじ¼
　　グラニュー糖　70g
　　ベーキングパウダー　小さじ1⅓
　　重曹　小さじ¼
　　ココアパウダー　大さじ1
卵　1個
溶かしバター　20g
バニラエッセンス　小さじ½
Ⓑ 牛乳　60cc
　　プレーンヨーグルト　70g
　　インスタントコーヒー　大さじ1
チョコレートチップ　100g

作り方
❶　Ⓑをボウルに合わせておく。
❷　Ⓐをよく混ぜて一緒にふるう。
❸　別のボウルに卵を入れて、泡立て器でよく混ぜる。溶かしバターとバニラエッセンスを加えてさらに混ぜる。
❹　インスタントコーヒーが完全に溶けているのを確認して①を③に加えてよく混ぜる。
❺　②の粉類をもう一度ふるいながら④に加える。へらで手短に25秒程混ぜる。
※少々粉のかたまりがあっても気にしない。
チョコレートチップを加えて15秒ほど軽く混ぜる。白い粉が少し残っていても良いくらい。すぐマフィン型に生地を流し入れて、200℃（400°F）に予熱したオーブンで15〜20分焼く。

本場のアメリカンブラウニー

アメリカの家庭ではクッキーよりもブラウニーの方が
よく作られているように思います。
材料をハンドミキサーでが〜っと混ぜて、
四角の型に流して焼いて、適当な大きさに切るだけ。
こんなに簡単に出来てしまうお菓子は他にないからアメリカ人向きなのでしょう。
クッキーの数だけ生地をスプーンですくって落とす、
ドロップクッキーよりも簡単。お塩とお砂糖を間違えない限り、
どんな混ぜ方をしても失敗なく美味しくできます。

chocolate chip brownies
チョコレートチップブラウニー

伝統的な、昔から作り続けている
まさにアメリカンスタイルのブラウニーです。

材料：20×20cm
グラニュー糖　110g
カカオマス（製菓用の無糖チョコ）　50g
バター　100g
卵　2個
バニラエッセンス　小さじ1
薄力粉　40g
塩　小さじ$\frac{1}{4}$
くるみ　100g
チョコレートチップ　30g

下準備
●くるみはオーブントースターで軽くローストして粗く刻んでおく。
●型にベーキングペーパーを敷くか、サラダオイル（分量外）を軽くぬって強力粉（分量外）をまぶしておく（ブラウニー共通）。

作り方
❶　カカオマスを小さく切り、バターと合わせて耐熱ボウルに入れて、電子レンジで加熱して溶かす。チョコレートは焦げやすいので、溶けるまで15秒毎にチェックする。グラニュー糖を加えてハンドミキサー、または泡立て器で混ぜる。
❷　卵とバニラエッセンスを入れてさらによく混ぜる。最後に薄力粉と塩を振るいながら加えて、へらで混ぜる。粉が完全に混ざってから、くるみとチョコチップを加える。170℃（340°F）で約25分焼く。竹串を差し込んで何もつかなくなるまでが目安。

butterscotch brownies
バタースコッチブラウニー

チョコレートの入っていないブラウニーです。
色白なのでブロンディーとも呼ばれています。

材料：20×20cmの型1個分
バター　35g
ブラウンシュガー　50g
卵　1個
バニラエッセンス　小さじ1
Ⓐ　薄力粉　25g
　　強力粉　25g
　　ベーキングパウダー　小さじ3/4
　　塩　小さじ1/3
くるみ　100g
ドライクランベリー　100g

下準備
●くるみはオーブントースターで軽くローストして粗く刻んでおく。

作り方
❶　ボウルにバターとブラウンシュガーを入れて泡立て器で溶かしながら混ぜる。最初は油が分離しているが、混ぜているうちに一体化していく。
❷　そこに卵とバニラエッセンスを加えてよく混ぜる。
❸　Ⓐをよく混ぜて、一緒に振るい、②に少しずつ加えて、へらで粉が見えなくなるまで切るように混ぜる。
❹　くるみ、ドライクランベリーを加えて、型に入れて、180℃（350°F）で約20分焼く。

m e m o
くるみの代わりにピーカンナッツ、ドライクランベリーの代わりにレーズンやドライイチジク、ココナツロングを入れても美味しいです。

chocolate orange brownies
オレンジブラウニー

オレンジとチョコレートの組み合わせは抜群！
口中にぐわ〜っとオレンジ風味が広がります。

材料：直径15cmの丸型、ハート型
薄力粉　30g
カカオマス（製菓用の無糖チョコ）　40g
バター　40g
卵　1 1/2個
塩　小さじ1/10
グラニュー糖　80g
Ⓐ　バニラエッセンス　小さじ1/2
　　オレンジの皮（すりおろし）　小さじ1
　　オレンジリキュール（コアントロ、グランマ
　　ニエなど）　小さじ1
グレーズ
　　粉砂糖　20g
　　溶かしバター、またはオレンジの搾り汁1 1/2　小さじ1/2
　　オレンジのリキュール　小さじ2/3
　　オレンジの皮（すりおろし）　小さじ1/2

作り方
❶　耐熱ボウルにチョコレートとバターを入れて電子レンジで加熱して溶かす。チョコレートは焦げやすいので溶けるまで15秒毎にチェックする。余熱でもかなり溶けるので加熱のしすぎに注意する。
❷　別のボウルに卵と塩を合わせて泡立て器で混ぜ、グラニュー糖とⒶを加えてさらに混ぜる。
❸　①のチョコレートを加えて混ぜる。
※下に沈むので時々へらを使って底から混ぜましょう。
❹　薄力粉を振るい、3回に分けて加えてへらでよく混ぜる。ナッツを加えてよく混ぜ、型に入れて170℃（340°F）に予熱したオーブンで15〜18分焼く。
❺　焼いている間にオレンジグレーズを作る。グレーズの材料を全て混ぜて熱いケーキの上に垂らす。

ばあさんのクッキー

初めてほっぺたが落ちるくらいに美味しいアメリカのクッキーを食べたのは
中学生の時、鹿児島でした。
アメリカから鹿児島大学に来ていた留学生のグループが焼いてくれたのです。
今考えるとあれがチョコレートチップクッキーと呼ばれる
アメリカの代表的なクッキーだったのでしょう。
その後、アメリカにも渡りましたが、
あれほど美味しいチョコレートチップクッキーには未だ出会っていません。
それともクッキー自体がめずらしかった中学生にはあの味がカルチャーショックだったのでしょうか。

chocolate chip cookies
チョコレートチップクッキー

チョコレートチップはビターチョコレート、
ミルクチョコレート、お好きな甘さを選んでください。

材料：20枚分
Ⓐ 薄力粉　150g
　　重曹　小さじ1/2弱
　　塩　小さじ1/2弱
バター　90g
グラニュー糖　70g
ブラウンシュガー　70g
卵　1個
バニラエッセンス　小さじ2
チョコレートチップ　150g
くるみ　100g

下準備
●くるみは軽くローストし、粗く刻む。
●バターを室温でやわらかくしておく。
●天板に少し油を塗ったアルミを敷くか、ベーキングペーパーを敷く。

作り方
① Ⓐを合わせて振るう。
② ボウルにバターを入れて泡立て器、またはハンドミキサーで攪拌し、砂糖を加えてよく混ぜる。そこに卵、バニラエッセンスを加えてクリーム状になるまで攪拌する。
③ そこに①を一度に加えて、ひとかたまりになるまでへらでよく混ぜる。よく混ざったら用意したくるみとチョコレートチップを加えて混ぜる。スプーンで生地をすくい、天板に並べて、上を少し指で丸める。175℃（350℉）に予熱したオーブンで約15分焼く。

Peanut butter cookies
ピーナッツバタークッキー

アメリカでサンドイッチで愛されている
ピーナッツバターは美味しいクッキーにもなります。

材料：20枚分
薄力粉　150g
重曹　小さじ1/2
バター　100g
ブラウンシュガー　80g
砂糖　90g
Ⓐ 卵　1個
　　塩　小さじ1/2
　　バニラエッセンス　小さじ1/2
　　ピーナッツバター（無塩の粒入り）　150g
チョコレートチップ　1/3カップ（なくても可）

下準備
●バターを室温でやわらかくしておく。

作り方
① 薄力粉、重曹を合わせて振るう。
② バター、ブラウンシュガー、砂糖を泡立て器でクリーム状になるまで混ぜる。
③ そこにⒶを加えて泡立て器でよく混ぜる。①の粉類を加えてへらで切るようにして混ぜ込む。あればチョコレートチップを加えて混ぜる。大さじ1くらいの生地を丸く形作り、上から濡らしたフォークで押さえて平らにして線を入れる。190℃（375℉）に予熱したオーブンで10～12分焼く。

seven layer cookies
セブンレイヤークッキー

材料を重ねて焼くだけの
レシピの中で一番簡単なクッキーです。

材料：20×20cmの型1個分（切って16〜20個分）
溶かしバター　50g
クラッカー　50g（あればグラハムクラッカー）
Ⓐ　ココナッツロング　30g
　　チョコレートチップ　80g
　　キャラメルチョコチップ　80g
　　くるみ　40g
　　コンデンスミルク　60cc
※コンデンスミルクの量はお好みで加減してください。少な
すぎると焼きあがって切る時に崩れやすいです。

下準備
●型にサラダオイル（分量外）を軽くぬったアルミ箔かベーキ
ングペーパーを敷く。
●クラッカーをビニール袋に入れて、めん棒で上から押さえ
つけてつぶす。
●くるみは軽くローストし、粗く刻む。

作り方
❶　ボウルに溶かしバターとクラッカーを細かくくだいて入
れて混ぜる。用意した型に移して、平たく指先でしっかり押
さえて型の隅々まで広げる。
❷　その上にⒶを上から順番に均等に散らして重ねていく。
175℃（350°F）に予熱したオーブンに入れて、約15〜20分焼く。
冷めてから適当な大きさに切る。

russian tea cookies
ロシアンティークッキー

アーモンドをフードプロセッサーで粉状にしますが、
包丁で細かく刻んでも美味しくできます。

材料：16〜18個分
アーモンド　60g
グラニュー糖　35g
薄力粉　150g
塩　小さじ¼
バター　100g
バニラエッセンス　小さじ1
粉砂糖　30g

下準備
●アーモンドはオーブントースターで軽く焼き、粗く刻む。
●バターを室温でやわらかくしておく。
●天板にサラダオイル（分量外）を少しぬったアルミを敷くか、
ベーキングペーパーを敷く。

作り方
❶　フードプロセッサーでアーモンド、グラニュー糖を攪拌
して粉状にする。
❷　ボウルにバター、バニラエッセンス、塩を入れて泡立て
器でクリーム状になるまで混ぜる。そこに①を加えて混ぜ、
最後に薄力粉を加えて、へらで切るように混ぜる。
夏は生地がやわらかすぎるので生地が固くなるまで冷蔵庫で
30分冷やす。冬はそのまま手で丸くする。用意した天板に並
べて、170℃（340°F）に予熱したオーブンでやや茶色になるま
で25分焼く。焼き上がってクッキーが冷えたら、粉砂糖に転
がして全体にまぶす。

暑い日はスムージー

アメリカにJamba Juiceというチェーン店があります。
子供たちがとても気に入っているお店で、夏は必ず
数回はそこでSmoothieという飲み物を飲みます。
今アメリカで大人気のチェーン店でスターバックスと同じ位の勢いで
全国に広がりつつあるようです。
ソフトクリーム、アイスクリームのお店が氾濫しているアメリカで、
なぜこのSmoothieが受けたのかというと、そのカロリーにあるのでしょう。
生クリームもアイスクリームも入っていない冷凍にした果物とジュースを
攪拌してゆるいシャーベット状にした飲み物で、甘さが控えてあるので
肥満が問題になってきたアメリカでカロリーを気にする人達に
安心して飲まれるからでしょう。カロリーとは関係なく、
口の中で溶ける冷たい果物の美味しさには誰でも魅せられてしまいます。
で、勿論私は自分で作ります。毎日夫婦で買っていたら一日約900円。
主婦はそんな勿体無い事はしません！
果物は何でも2cm立方に切って冷凍をしておけば、スムージーが簡単に家で作れます。

strawberry smoothie
ストロベリースムージー

イチゴの季節にさくさん冷凍しましょう。
ほかのベリー類でも美味しいです。

材料：約500cc 2人分
冷凍したイチゴ　200g
生のバナナ　1/2本
牛乳　200cc
砂糖　大さじ1

作り方
❶　ミキサーに冷凍したイチゴ、生のバナナ、牛乳、砂糖を入れてクリーム状になるまで撹拌する。
※水分が足りないと回転しにくいので牛乳をもう少し加えてもいいです。

pineapple coconut smoothie
パイナップルココナッツスムージー

パインとココナッツ、
定番の南国の味わいですね！

材料：約500cc 2〜3人分
パイナップル　200g
氷　100g
水　100cc
ココナッツミルク　50cc
砂糖　大さじ2

作り方
❶　パイナップルは皮をむいてトゲを除き、縦2cm幅に放射状に切る。芯の固い部分を切り取る。冷凍バッグに入れて、なるべくお互いにつかないように平たくして冷凍庫に入れる。
❷　完全に冷凍したら、溶けないように素早く2cm大のサイコロ状に切ってミキサーに入れる。氷、水、ココナッツミルク、砂糖を加えてスムージーになるまで撹拌する。

ｍｅｍｏ

氷を砕く機能のついたミキサーを使ってくださいね。
ミキサーが空回りする時は一旦停止をして、スプーンでかき回すと再び回転しますので、様子をみながらこれを繰り返しましょう。

latte smoothie
ラテ・スムージー

コーヒーチェーン店で見かけるラテスムージーも
簡単ですよ！　コーヒーは濃いめに入れましょう。

材料：約500cc 2〜3人分
ミルクコーヒー（市販品でも）　400cc
水、または牛乳　100cc

作り方
❶　市販の缶入りコーヒーなど好みのミルクコーヒーを冷凍庫の製氷機に流し入れて冷凍する。
❷　冷凍したミルクコーヒーと水、または牛乳をミキサーに入れて撹拌する。
※水分が足りないと回転しにくいので水をもう少し加えてもいいです。

watermelon smoothie
スイカスムージー

氷になったスイカは
そのまま食べる美味しさとまた一味違います。

材料：約500cc 2〜3人分
スイカ　400g
水　100cc
砂糖　小さじ1
ミントの葉　2枚（なくても可）

作り方
❶　スイカは皮と種を除いて（種無しスイカをおすすめします）2cm角に切る。大きめの冷凍バッグに入れてなるべくお互いがつかないように平たくして冷凍する。
❷　ミキサーに冷凍したスイカ、水、砂糖、を入れてクリーム状になるまで撹拌する。ミントの葉を飾る。
※水分が足りないと回転しにくいので水をもう少し加えてもいいです。沢山作る時は2回に分けた方が撹拌しやすいです。

カリフォルニアのオレンジで

カリフォルニアの特産といえば、ネーブルオレンジ。
1月になるとカリフォルニアのネーブルオレンジが食べ頃になります。
散歩をしていると、あちらこちらの庭先で
きれいに色付いたオレンジがぶら下がっています。
お友達からオレンジ摘みに来ないかとお誘いがあったので、
早速アボカドの実を採るために
20年前に買った手長竿を持参してオレンジ摘みをしてきました。
ネーブルオレンジは2月頃になるともっと甘くなります。
摘んでから暫く置いておくと甘さが増してきます。
でもばあさんが興味があるのは中身より外。この皮でオレンジリキュールを作るのです。
ほかにもジャムや、ピールも・・・。この手作りのオレンジリキュールは
高級なグランマニエに劣らないくらい美味しいです。
ネーブルは英語で「へそ」という意味ですけど、
どうしてネーブルオレンジになったのかわかるような気がしますね。

orange liqueur
オレンジリキュール

お菓子作りだけではなく、コーヒー、紅茶にも
合います。バニラエッセンスの代わりにもなりますよ。

材料：約180cc分
オレンジの皮（すりおろし）　大さじ2
オレンジ　3〜4個
グラニュー糖　50g
甲類焼酎（ホワイトリカー）　35度、またはウォッカ　40度
150cc
バニラビーンズ　4〜5cm

作り方
❶　オレンジの皮は表面の濃い色の部分だけをすりおろす。
❷　バニラビーンズは4〜5cmの長さに切り、さらにサヤを
縦に切り種を出す。
❸　煮沸した密閉の保存瓶に甲類焼酎と①、②、グラニュー
糖を加えて約2週間で出来あがり。

m e m o
リキュールは1週間〜数ヶ月のう
ちに使った方がオレンジの香りが
良いです。

orange marmalade
オレンジマーマレード

果物を組み合わせると今までの
ジャムの風味がちょっと変わって楽しいです。

材料：約300g分
オレンジ　皮付きで300g
重曹　小さじ⅛
水　120cc
キウイ　50g　（皮をむいて）
レモンの搾り汁　1個分
砂糖　150g
レモン、オレンジの種　（あれば）

作り方
❶　オレンジはなるべく白い部分を残して、リンゴをむくよ
うにらせん状に皮をむき、細く切り、小さな鍋に入れる。水
と重曹を加えて沸騰したら、弱火にして蓋をし、20～30分、
皮がやわらかくなるまで煮る。途中水がなくなりそうなら水
を少々加える。
❷　オレンジの果実を皮の白い部分を除いて、水平半分に切
り、ボウルに汁を絞り出す。残った袋や筋は小さく切り、果
汁と同じボウルに入れる。キウイは皮をむいて1cm角に切り、
オレンジの汁に加える。レモンの搾り汁も加える。ペクチン
をとる為にレモン、オレンジの種はとっておく。
❸　①のオレンジの皮がやわらかく煮えたら、②の果実と果
汁を加えてさらに煮込む。沸騰し始めたら、弱火にして蓋を
してさらに15分煮る。
砂糖を加えてよく混ぜ、再び沸騰してきたら弱火にして蓋を
しないで15分ほど煮詰める。少しとろりとしてきたら種を加
えて、さらにとろりとなるまで煮て出来上がり。瓶に入れて1
週間も経つとジャムらしくなります。
※種はできるだけ熱い間に除いてください。上に見えている
分だけでOKです。熱い時は硬くありませんが、冷えて時間が
経つと徐々に固まってきます。

orange peel
オレンジピール

オレンジの季節に沢山作りましょう。
お菓子作りの材料として重宝します。

材料：作りやすい分量
オレンジの皮　400g
塩　小さじ½
砂糖　200g
水　100cc
グラニュー糖　少々（まぶす分）
砂糖　適量（瓶に入れて保存用）

作り方
❶　オレンジは皮の白い部分を除き、リンゴをむくようにら
せん状に薄くむき、3cmの長さに切る。
❷　小さめの鍋に①と皮が充分浸るくらいの水（分量外）と塩
を入れ、蓋をして15分ほど火にかけて沸騰させたらお湯を捨
てる（苦味をとるため）。皮を流水にさらし、水気を切る。
❸　別の鍋に砂糖と水を合わせて混ぜ、沸騰させる。②を入
れて蓋をせずに皮に透明感が出てくるまでごく弱火で40～50
分煮る。その間焦げ付かないように、時々混ぜる。
※煮詰め過ぎると、焦げ付いてカラメル化し、くっついてし
まうので、ある程度煮汁がある時に取り出した方が良いです。
カラメル化してしまうとオレンジの風味が弱くなるので注意
しましょう。
❹　熱いうちにバットに取り出して、広げて乾かす。グラニ
ュー糖を全体にまぶす。
※充分乾いたピールにはお砂糖が白くつきますが、濡れてい
るピールはお砂糖が溶けてしまいます。その時はもっと乾燥
させてください。あまり乾燥させすぎるとお砂糖がつかない
ことがありますがそれは大丈夫。
❺　オーブンシートに広げて、最低5時間は乾燥させる。季
節によっては硬くなるまで3～4日かかる。密閉できるガラ
スのビンにオレンジピール、砂糖を交互に入れて層する。冷
蔵庫、または冷凍庫で保存する。
※硬く乾燥させた方が保存が効きます。

ヘルシーなケーキだけど・・・

久し振りにサワークリームケーキが食べたくなりました。が、
オリジナルのレシピを見ると凄い！！　バターもショートニングもてんこ盛り！
どうにかヘルシーに作れないものかと思案して、
油脂を減らしたりとレシピを試行錯誤。
第1回目。焼きたては良かったのですが、冷めたらちょっとパサパサ。
実は、お友達にお礼のつもりで焼いたのですが、
ちょっと差し上げられないので我が家用に冷凍にしました。
自分のおやつにするぶんにはこれで充分なのです。
じいさんはもっと不味いノンファットのケーキをピーツ（カフェ）で買っています。
あれよりは美味しいです。
でも一日に一切れしか食べないのなら、
やはり美味しく作った方がいい。そう思いました。
そして第2回目。とっても美味しくできました。紹介するのは美味しいレシピですよ！
サワークリームの作り方も紹介します。

sour creme
サワークリーム
生クリームをヨーグルト菌で発酵させたものがサワークリーム。市販のヨーグルトで簡単に出来ます。

材料：250cc分
生クリーム　1パック　200cc
プレーンヨーグルト　50cc

作り方
❶　生クリームとプレーンヨーグルトを容器に合わせる。ラップで軽く覆って、30〜40℃で固まるまで発酵させる。種によって差があるがだいたい3〜8時間で固まる。カスピ海ヨーグルトを種にする時は室温で発酵させる。
❷　出来上がったら冷蔵庫で冷やしておく。

sourcremecake
サワークリーム（ヨーグルト）ケーキ

ヘルシーにしたい場合はヨーグルトを。
それでも充分おいしいですよ。

材料：20×20cm
Ⓐ アーモンド、またはくるみ 40g （粗く切る）
　 グラニュー糖　大さじ2
　 粉末シナモン　小さじ1
Ⓑ 薄力粉 250g
　 グラニュー糖　150g
　 ベーキングパウダー　小さじ2
　 塩　小さじ$\frac{1}{2}$
卵　2個
Ⓒ 溶かしバター 70g
　 サラダオイル 50g
　 バニラエッセンス　小さじ$\frac{1}{2}$
　 レモンの皮のすりおろし　少々 （あれば）
　 サワークリーム 又は プレーンヨーグルト
　 200cc

下準備
●型にベーキングペーパーを敷くか、サラダオイル(分量外)を
軽くぬって粉をまぶしておく。
●アーモンドはオーブントースターで軽くローストして細か
く刻んでおく。

作り方
❶ 小さなボウルにⒶを合わせて混ぜる。
❷ Ⓑを合わせてふるう。
❸ ボウルに卵を入れてハンドミキサーで泡立てる。ワイヤ
ーの跡が盛り上がるくらいになるまでしっかりと泡立てる。
Ⓒを上から順番に加えてさらに攪拌する。
❹ ②をもう一度ふるいながら3回に分けて加える。へらで
円を描くように混ぜる。
❺ 最後にハンドミキサーの中速のスピードで15秒ほど、な
めらかになるまで攪拌する。
❻ 型に流し込み、上に①を振りかけ、175℃（360℉）に予熱
したオーブンで約30分焼く。細い竹串をさして生地がついて
いなければ出来上がり。

みんなのコメント　カリフォルニアから世界へ！

ブログを発信することで、カリフォルニアから故郷の日本、世界中の方たちと交流することができます。
とても便利な時代ですね。みなさんのコメントの一部を紹介しますね。

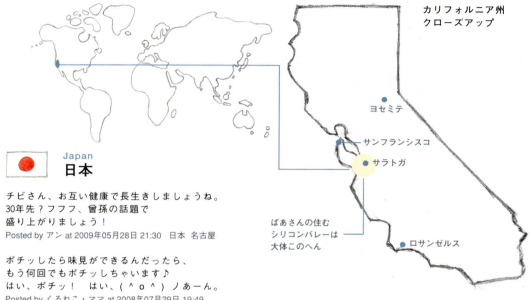

カリフォルニア州
クローズアップ

ヨセミテ

サンフランシスコ

サラトガ

ばあさんの住む
シリコンバレーは
大体このへん

ロサンゼルス

Japan
日本

チビさん、お互い健康で長生きしましょうね。
30年先？フフフ、曾孫の話題で
盛り上がりましょう！
Posted by アン at 2009年05月28日 21:30　日本 名古屋

ポチッしたら味見ができるんだったら、
もう何回でもポチッしちゃいます♪
はい、ポチッ！　はい、（＾o＾）ノあーん。
Posted by くろねこ・ママ at 2008年07月29日 19:49
日本 静岡

サルサ自分で作ってみたいと思っていました。
トルティーヤも作りたいんです。
今度、chiblitsさんのレシピで作ってみます！！
う〜メキシコモードになって来ました。笑
私もパクチーを
ベランダ栽培してみるかもしれません。
Posted by ばぶお at 2007年05月21日 08:27　　日本 東京

昔は圧力鍋を使いましたが
最近ではもう使っていません。
ブログに紹介したヨシノクラフトの鍋を
使ってからその鍋ばかりです。
結構早く煮えて吹きこぼれもしません。
でも、圧力鍋は本当に早くお料理できますよね。
息子さんご夫妻のプレゼントですもの
使わないといけませんね。
やさしい息子さん達でお幸せですね。
Posted by 子豚のママ at 2006年12月28日 22:48　日本 長野

はるばる海を渡って…感動的ですね。
ここには国境はありませんね。
なんか、不思議です。だって、私、今、
カリフォルニアにいるんでしょ　笑
Posted by くるみりす at 2008年07月08日 18:12　日本 関西

chiblitsさんの色々なレシピを見て
パン教室に行き始めました。
本を見ながらではなかなか思うようにいかず…
行っても＾＾何時か出来るようになるかな！！
今回のも作ってみますね。
Posted by ぴぴ at 2009年06月02日 08:00　　日本 埼玉

どの本を見ても、パイ生地でバターを
使わない場合、ショートニングが使われている
レシピばかりで、がっかりしていたところでした。
これは、かなり強力な助っ人登場です。
ありがたい♪これから涼しくなってきたら
初心者でもパイ生地が扱いやすく
なってきますもんね。
ぜひチャレンジしてみたいです。
Posted by えりぃ at 2008年08月14日 20:36　日本 名古屋

ビデオで作り方を見ると分かりやすいですね！
私もChiblitsさんのレシピでマフィンを
作ったことがあるので、「 混ぜすぎないこと！」
っていうの、よ〜く覚えています！
ちょうどにんじんケーキか
マフィンでも作りたいなぁと思っていたので、
マフィンにしようかな〜。
ハンドミキサーの泡だて器部分で
手作業もしているところがいいですね（ 笑）。
真似しよう♪タネも無駄にならないし、
洗う手間も省けますね！さすが！
Posted by Sanae at 2008年03月11日 13:53　　日本 神奈川

そうか〜、
エビは茹でるより焼くほうがおいしいですよね。
確かに。生春巻きは大好きです。
甘辛酸っぱいあのタレがいいですよね。
以前、ポン酢しょうゆを
ゆるゆるのゼリー状にして、
カニのむき身と野菜と一緒に生春巻きに巻いて
食べましたが、それもまたおいしかったです。
Posted by tenchan at 2009年01月14日 14:41　日本 岐阜

へぇ〜、塩水につけるんですか？初めて聞きました。
肉の臭みも抜けるのかな。
これからクリスマス準備ですね。
何度か焼いたことありますが
あまり満足いく仕上がりはありませんでしたから
試してみたいです。
Posted by ユムユム at 2007年10月31日 19:11　日本 大阪

chiblitsさん、こんなに丁寧に書いていただいて
ありがとうございます。たくさん写真を撮って
加工して大変だったでしょう。感激です。
早速、プリントアウトします。
こんなシステムになっていたんですね。
ずいぶん参考になります。
ブログの不思議な繋がりで、
ほんとにありがとうございました。＜ｍ（＿＿）ｍ＞
Posted by きょん at 2007年05月16日 20:35　日本 富山

Australia
オーストラリア

辛くて酸っぱいスープ
酸辣湯（サンラータン）ですよね？
私もだぁぁぁぁい好きです！
それをメインにしちゃうなんて流石chiblitsさん！！
しかも干し椎茸＆干し貝柱のお出汁〜
間違いない！って感じで。
作ってみようかなぁ〜（ポチッ）
Posted by Ally at 2009年02月08日 09:19　オーストラリア

Earopa
ヨーロッパ

可愛いでーーす！けど、chiblitsさんには、
掘ねずみと同等に、
ピーターラビットも敵なんですよね？
こんな可愛い敵だと、多少見逃してやるかって
気にはなりませんか？（笑）
ほら、うちなんて巨大ナメクジが敵ですから、
いかにも憎たらしい姿ですから、
敵対視しやすいでしょ？（爆）
ちなみに最後のお写真、chiblitsさんが
撮影されたのですか？？
Posted by 桜もち at 2009年06月08日 20:18　ヨーロッパ

Guatemala
グアテマラ

普段は、寮生活の息子たちが
（中央に）帰って来ています。
せめて休み中だけでもと、毎ヨ、
手作り料理で腕をふるっています。
先日の手作りクルトンは、大人気でした。
ズッキーニのスタッフも作りました。
このサンドイッチは、ちょっと躊躇しますが
トライしてみます。
中米にも、いろんなズッキーニがあります。
Posted by inulove at 2008年07月11日 07:51　グアテマラ

Canada
カナダ

パイの皮を焼くには…ステンレス製のチップスを
買わなければならないし〜〜と
自分で言い訳していましたけど、
こんなに簡単にできるのですか！
ここでもやっと白桃（小粒ですけど）が
手に入るようになりました、
娘が帰ってくる前に一度練習しておきます。
我が家、フルーツパイ大好きなのです。
クリームを作るのは難しいですか？
Posted by カイシャ at 2008年12月06日 05:19　カナダ

USA
アメリカ合衆国

chiblitsさん、タコライス、実は昨夜の
ディナーでした。。。主人と息子はタコス、
私と娘はタコライス。笑　材料はほとんど同じで、
違うのはタコシェルを使うかご飯を使うか
ということだけです。
タコライスはご飯を敷いてそれにタコスの材料を
全部のせていただくんですが、
想像するよりも実際に食べる方が
断然美味しいです。　私は香菜（Cilantro）が好
きなのでそれものせちゃいます。
一度試してみてくださいね。
Posted by Ziggy at 2006年12月10日 14:30　ネバダ

昔勤めていた会社（日米合弁）では
しょっちゅう持ち寄りランチがあって、
このマカロニグラタンは定番でした。
あと、子供の学校のポットラックにも
必ず出てきたものですね。
ミートボールや、エビ、チキンなら
殆どのお料理に合うので、人気があるのでしょう。
Posted by ナミサン at 2008年12月17日 06:28
ロサンゼルス

いや〜偶然！
先週、このお料理とよく似たのを作りました。
作り方は若干違うのだけど、
出来上がりの雰囲気と（たぶん）味は
ほとんど同じだと思う。
大きく違うのは、豚ひれ肉を使うのと、
長ネギはガーニッシュとしてではなくて
白菜、肉と一緒に炒め合わせることかな。
うちの冬の定番メニューです。
chiblitsさんがJさんと飲茶している頃、
私はSFにいましたよ。
でも昨日は冷たい風が吹いていて、
用事をいくつか済ませて
そそくさと家路につきました〜。
Posted by Vivian at 2009年01月29日 07:34
サンフランシスコ

おわりに

1930年代のアメリカの新聞連載で人気だった「Li'l Abner」という漫画に出てくる、
セィディーは適齢期を過ぎてもなかなか結婚相手が見つかりませんでした。
心配した父親は「セィディー・ホーキングズ・デー」という
町のイベントを考え付きます。
街中の独身男性を集めて、セィディーとかけっこをさせて、
セィディーが捕まえて引っ張ってゴールまで到達したら、
捕まえられた男性はセィディーと結婚をしなければならないという競争です。
この漫画のエピソードが新聞に掲載されて以来、
アメリカの中学校、高校では「セィディー・ホーキングズ・ダンス」という
行事が始まりました。
一年に一度だけ女の子が男の子を誘うダンスパーティーです。

1960年代、高校の時モンタナ州でホームスティをしていた私は、
友達から初めてこの「セィディー・ホーキングズ・ダンス」のことを聞かされました。
昼食時間に友達と誰をダンスに誘おうかという話に花が咲き、
結局、私は演劇クラブで一緒だった背の高いF君という男の子を誘うことにしました。
そして勇気をだしてその夜、F君に電話をしたのです。
優しいF君は日本から来ている留学生を断れなかったのでしょう。
私はF君と「セィディー・ホーキングズ・ダンス」に行くことになりました。
その「セィディー・ホーキングズ・ダンス」の日から44年経ちました。
そしてそのF君が今のじいさんなのです。
ホームステイを終えて帰国し、5年後に日本で再会するまで、お見合いをしたり、
お互いに色々とあったのですが、赤い糸が繋がっていたのでしょうか。
いつの間にか私はセィディーの如く、
じいさんを引っ張ってゴールに駆け込んでいたのでした。

あれから40年近く経ち、はじめのご挨拶でもお話しましたように、
シリコンバレーに渡り、家族が増えました。
退職後、私は３つのホームページを管理しながら、ブログまで始めてしまいました。
私のような者がお料理本を出版するとは夢にも思わないことでした。
そんな私のブログやお菓子のHPを
こんな素晴らしい本にまとめてくださった出版社の方々に心から感謝です。
私の料理を食べて、辛口批評してくれるじいさんをはじめ、家族のみんなに感謝です。
そして病気の時も、嬉しい時も、ブログで温かいコメントを書いてくださった
世界中のお友達にも感謝の気持ちで一杯です。
インターネットのお陰で、絶対に会えることもなかっただろう国の、
様々な年代の方々とお知り合いになれて、
残り少なくなった人生の新しい楽しみが生まれました。
これからも末永く仲良くしてください。

レイ久子

PROFILE
レイ久子Hisako Ray（chiblits）
1948年鹿児島生まれ。
家族は夫、息子夫婦に子供二人、娘夫婦。
1972年アメリカ人の夫との結婚を機にカリフォルニア州のシリコンバレーに渡る。歯科技工士として27年働く。退職後、娘の勧めで2006年、ブログ「カリフォルニアのばあさんブログ」を立ち上げる。料理から家族の話、20歳5ヶ月まで生きたトイプードルの話など毎日の生活を綴り、大人気ブログになる。ブログではレシピの作り方の動画も配信中。本書では娘がイラストを担当。

カルフォルニアのばあさんブログ
http://blog.livedoor.jp/chiblits/
お菓子サイト
https://www.anyrecipe.net/jp/
娘のイラストサイト
http://www.jasmineray.com/index.html
レシピ動画 ユーチューブ
https://www.youtube.com/playlist?list=PL834
60A5C6ABF5BFB

STAFF
ブックデザイン
ohmae-d（中川 純／福地玲歩／阿部幸）
料理・写真・スタイリング　レイ久子（Hisako Ray）
イラスト　Jasmine Ray

新版　カリフォルニアばあさんの料理帖

2019年10月31日　初版第1刷発行

著者　　レイ久子
発行者　滝口直樹
発行所　株式会社マイナビ出版
〒101-0003
東京都千代田区一ツ橋 2-6-3 一ツ橋ビル 2F
電話　0480-38-6872（注文専用ダイヤル）
　　　03-3556-2731（販売部）
　　　03-3556-2735（編集部）
http://book.mynavi.jp

印刷・製本　大日本印刷株式会社
校正　麦秋社

出典（参考資料）
『Joy of Cooking』Irma Starkloff Rombauer
※チキンの焼き方、P97 マフィンのコツ、P103-104 グレーズの作り方などを参考にしています。
『Dim Sum』Ellen Leng Blonder
※ P68—68 飲茶の皮の作り方を参考にしています。